Neubearbeitung

schwarz auf weiß
Grundschule   Texte 3

Texte
Kurse
Arbeitsmittel

Schroedel Verlag GmbH Hannover
Konkordia GmbH für Druck und Verlag Bühl/Baden

schwarz auf weiß

Grundschule
Neubearbeitung

Texte, Kurse, Arbeitsmittel
3. Jahrgangsstufe

Johann Bauer
Alfred Birkel
Marianne Franz
Erika Haas
Dieter Marenbach
Gertrud Ritz-Fröhlich
Helfried Stöckel

Unter Mitarbeit der Verlagsredaktion

Illustrationen: Katharina Joanowitsch

ISBN 3-507-42723-0

© 1982 Schroedel Verlag GmbH, Hannover
Konkordia GmbH für Druck und Verlag, Bühl/Baden

Alle Rechte vorbehalten.
Die Vervielfältigung und Übertragung auch einzelner Textabschnitte, Bilder oder Zeichnungen ist – mit Ausnahme der Vervielfältigung zum persönlichen und eigenen Gebrauch gemäß §§ 53, 54 URG – ohne schriftliche Zustimmung des Verlages nicht zulässig. Das gilt sowohl für die Vervielfältigung durch Fotokopie oder irgendein anderes Verfahren als auch für die Übertragung auf Filme, Bänder, Platten, Arbeitstransparente oder andere Medien.

Druck A $^{5\,4\,3\,2\,1}$/Jahr 1986 85 84 83 82
Alle Drucke der Serie A sind im Unterricht parallel verwendbar.
Die letzte Zahl bezeichnet das Jahr dieses Druckes.
Reproduktion: RST GmbH, Düsseldorf
Druck: Konkordia GmbH für Druck und Verlag, Bühl/Baden

Hast du darüber schon nachgedacht?

Worüber wir staunen

Daß die Welt hinter den Bergen
nicht zu Ende ist,
daß, was dir im Spiegel begegnet,
du selber bist,
daß die Erde rund ist
und sich dreht,
daß der Mond, auch wenn es regnet,
am Himmel steht,
daß die Sonne,
die jetzt bei uns sinkt,
andern Kindern
Guten Morgen winkt.

Max Bolliger

Wo ich sein will, wo ich bin
Gina Ruck Pauquèt

„Warte!" sagt Janna.
Florian wartet.
„Weißt du was", sagt er. „Ich möchte in 'nem U-Boot sein. Da könnte mich keiner aufhalten. Ich hätte es warm und wäre für mich allein. Ganz tief im Meer würde ich fahren."
„Nee", sagt Janna, „das möchte ich nicht. Auf einer ganz, ganz weiten Wiese möchte ich liegen, die erst aufhört, wo der Himmel anfängt. Mittendrin würde ich liegen. Zwischen lauter Vergißmeinnicht."
„Pah!" sagt Florian und schiebt die Unterlippe vor. „Da wüßte ich was Besseres! Ein Baumhaus in einem dichten, dunklen Wald. Ganz oben auf dem Wipfel einer Tanne. Und der Wind tät' mich schaukeln."
„Da müßte ich mich fürchten", sagt Janna. „In Afrika möchte ich sein, in der Wüste, zwischen lauter wolligen, schnurrigen Löwenbabys."
„Und die Löwenmutter würde dich fressen", sagt Florian. „Happ! In einem Kanu möchte ich sein", sagt er. „Auf einem schmalen, stillen Fluß. Unter den Zweigen der Bäume würd' ich dahingleiten."
„Nein", sagt Janna. „Ich weiß, was ich möchte! In einer Gondel schweben. Viele bunte Vögel rings um mich her. Ganze Wolken von bunten Vögeln."
„In einer Höhle voller Edelsteine will ich sein", sagt Florian. „Da glitzert und funkelt es ringsum. Ich nehme meine Taschenlampe…"
„Ach was", sagt Janna. „Es ist hell, und die Sonne scheint. Ich bin in einem Garten. Und auf allen Bäumen sitzen Eichhörnchen, die Mundharmonika spielen."
„Wo ich bin, ist Nacht", sagt Florian. „Da ziehen hellerleuchtete Raumschiffe am Himmel entlang. In einem von ihnen sitze ich und…"
„Ihr seid mitten in der Stadt", sagt da ein Mann hinter Janna und Florian. „Ihr steht vor einer Ampel, die schon dreimal grün war. Wann geht ihr endlich rüber?"

Anne wünscht sich
Sigrid Hanck

nie mehr aufräumen
zu müssen...

einmal die ganze Nacht
aufbleiben zu dürfen...

einmal allein im Zelt
zu übernachten...

das Haus voller Kinder...

Erzähle, welche Wünsche du hast.
Kannst du zu deinen Wünschen ein Bild zeichnen?

Moniba aus Indien wünscht sich...

Ich wünsche mir, daß unsere Schule ganz in der Nähe unseres Dorfes wäre, damit ich nicht mehr so weit laufen müßte. Die Straße sollte gut und fest sein, und auf beiden Seiten des Schulwegs müßten grüne Wiesen sein.

Moniba, 12 Jahre

Anton aus Paraguay wünscht sich...

Ich möchte gern eine Kuh haben, denn sie gibt uns die Milch und auch ihr Fell.

Anton, 15 Jahre, Lengua-Indianer

Kindergebete

Lieber Gott!
Warum ist mein kleiner Bruder krank?
Er tut mir so leid. Warum hilfst du ihm nicht?
Du hast uns lieb, und doch ist mein kleiner
Bruder krank. Wir sind alle traurig. Willst du
ihm nicht helfen? Du kannst es doch, lieber Gott.
                                            Amen.

Marielene Leist

Tischgebet

Herr, du unser Freund, komm, wir laden dich ein,
an unserem Tisch unser Gast heut' zu sein.
Sooft wir mit hungrigen Brüdern teilen,
willst du, Herr, in unserer Mitte verweilen.
Mach unser Herz groß und bereit zum Erbarmen,
dann weilst du als Gast unter uns in den Armen.

Josephine Hirsch

Also tschüß und gute Nacht

Geht ihr jetzt?
Kommt ihr bald?
Kann ich noch was trinken?
Muß noch mal.
Mir ist kalt.
Darf ich euch noch winken?

Laßt die Türe angelehnt.
Bleibt im Flur die Lampe brennen?
Weil – wie soll ich sonst im Dunkeln
meine Armbanduhr erkennen?

Geht ihr jetzt?
Wird es spät?
Setzt euch noch ein bißchen.
Bringt was mit!
Wenn ihr geht,
krieg ich noch ein Küßchen?

Hast du dir die Clowngeschichte,
Papa, selber ausgedacht?
Was ich euch noch sagen wollte:
Also tschüß und gute Nacht.

Geht ihr jetzt?
Fahrt ihr weit?
Wird euch nichts passieren?
Kann ich euch
jederzeit
hertelefonieren?

Was mein Kater Kasimir
heut für spitze Krallen macht!
Er und Bär und Krokodil
halten hinterm Fenster Wacht.

Alles still,
sind sie fort?
So, ich bin alleine.
Ich und Angst?
Ehrenwort,
ich hab' wirklich keine.

Wenn es in den Wänden piept,
sind es bloß die Mäuschen.
Knarrt es an den Fensterläden,
streicht der Wind ums Häuschen.

Christa Zeuch

Findet ihr heraus, an welcher Stelle des Gedichtes die Eltern fortgegangen sind? Hat das Kind, das hier spricht, wirklich keine Angst?

Der Nachtvogel
Ursula Wölfel

Ein Junge hatte immer große Angst, wenn er nachts allein in der Wohnung sein mußte. Seine Eltern gingen oft am Abend fort.
Dann konnte der Junge vor Angst nicht einschlafen. Er hörte etwas rauschen, und das war, als ob jemand im Zimmer atmete.
Er hörte ein Rascheln und ein Knacken, und das war, als ob sich etwas unter seinem Bett bewegte.
Aber viel schlimmer war der Nachtvogel.
Der Junge sah ihn immer ganz still draußen auf der Fensterbank sitzen, und wenn unten ein Auto vorüberfuhr, schlug der Vogel mit den Flügeln, und der Junge sah den riesigen Schatten von den Flügeln an der Zimmerdecke.
Der Junge erzählte seinen Eltern von der Angst. Aber sie sagten nur: „Stell dich doch nicht an! Du bildest dir das alles nur ein."
Und sie gingen immer wieder am Abend fort, weil sie den Vogel nicht sehen konnten, weil sie das alles nicht glaubten.
Einmal war der Junge wieder allein, und es schellte an der Wohnungstür.
Der Junge wurde steif vor Angst.
Wieder schellte es.
Es schellte und schellte.
Dann war es still, lange Zeit war es ganz still.
Dann kratzte etwas an der Hauswand. Das war der Vogel! Jetzt kletterte er mit seinen Krallen an der Mauer hoch. Jetzt war er an der Fensterbank. Und jetzt schlug er mit seinem Schnabel an die Scheibe! Einmal, zweimal, immer wieder, immer lauter, und gleich würde das Glas zerbrechen, gleich würde der Vogel ins Zimmer springen!
Der Junge packte die Blumenvase vom Tisch neben dem Bett. Er schleuderte sie zum Fenster.

Das Glas zersplitterte. Wind fuhr ins Zimmer, daß der Vorhang hoch an die Wand schlug, und der Vogel war fort.
Auf der Straße unten hörte der Junge seine Eltern rufen.
Er rannte auf den Flur, er fand im Dunkeln sofort den Lichtschalter und den Knopf vom Türöffner. Er riß die Wohnungstür auf und lief den Eltern entgegen.
Er lachte, so froh war er, daß sie da waren. Aber sie schimpften. Ihre schönen Ausgehkleider waren naß vom Blumenwasser.
„Was soll denn das wieder heißen?" fragte der Vater. „Jetzt ist die Scheibe kaputt!"
„Und mein Mantel! Sieh dir das an!" rief die Mutter. „Der Nachtvogel war am Fenster", sagte der Junge. „Der Nachtvogel hat mit seinem Schnabel ans Fenster gepickt." „Unsinn!" sagte der Vater. „Wir hatten den Schlüssel vergessen, und du hast das Schellen nicht gehört. Darum haben wir mit einer Stange vom Bauplatz an dein Fenster geklopft."
„Es war der Nachtvogel, wirklich!" sagte der Junge. „Der Nachtvogel war es!"
Aber die Eltern verstanden das nicht. Sie gingen immer wieder am Abend fort und ließen den Jungen allein.
Er hatte immer noch Angst, er hörte immer noch das Rauschen und Rascheln und Knacken. Aber das war nicht so schlimm.
Denn der Nachtvogel kam nie mehr wieder, den hatte er vertrieben. Er selbst hatte ihn vertrieben, er ganz allein.

So sieht er also aus!
Marita Lindquist

„Wenn du aus dem Kindergarten kommst, ist er hier", sagte Papa am Donnerstagmorgen. „Bist du schon neugierig?"
Malena war neugierig. Obwohl sie es eigentlich nicht sein wollte.
Als sie vom Kindergarten nach Hause ging, dachte sie: Ich beeile mich nicht! Nein, überhaupt nicht! Aber ihre Füße gingen immer schneller, als ob sie einen eigenen Willen hätten. Das letzte Stück lief sie.
Mama war zu Hause. Sie saß auf dem Sofa und sah fremd aus. Aber als sie Malena in die Arme schloß, da war sie nicht mehr fremd, da war sie wieder ihre Mama! Malena schlang ihr die Arme um den Hals, und Tränen traten ihr in die Augen. Mama war so schrecklich lange fortgeblieben. Und Tante Ella war eben nur Tante Ella.
„Wollen wir uns Mats mal ansehen?" fragte Mama. „Wir müssen leise gehen! Er schläft!"
Sie gingen auf Zehenspitzen ins Kinderzimmer, wo sie gestern das Babykörbchen neben das Spielzeugregal geschoben hatten.
„Sieh mal!" flüsterte Mama.
Malena schaute. Erst meinte sie, es wäre Spaß und jemand hätte eine Puppe in den Korb gelegt, um sie anzuführen. So klein konnte doch wohl kein Junge sein! Aber er atmete ja! Und er bewegte seinen Mund ein kleines bißchen. Das war also Mats!
„Ist er nicht süß?" flüsterte Mama. Aber Malena schaute nur. Mats war kahl, aber er sah doch nicht so aus wie der Großvater. Er hatte eine helle, fast weiße Haut und trug ein weißes Jäckchen mit einem Spitzenkragen. Seine Händchen lagen auf der Decke, kleine Puppenhände. Malena hatte plötzlich Lust, sie anzufassen.
„Du bist nun die große Schwester", sagte Mama.
Da besann sich Malena wieder. Der da im Körbchen lag, der war

gar nicht süß. Er war ein Junge, der bald Papierpuppen zerreißen und sie ärgern würde. Gefährlich war er.

„Er ist häßlich", erklärte sie.

Da strich Mama Malena übers Haar und meinte, daß er schnell wachsen und groß und hübsch werden würde und rote Backen bekäme. Schnell? Malena sah es direkt vor sich, wie Mats wuchs, größer und dicker wurde und bis zum obersten Bord des Spielzeugregals reichte, dorthin, wo alle ihre Sachen lagen.

„Jetzt wacht er auf!" sagte Mama. Da fing er auch schon an zu schreien, und Mama nahm ihn aus dem Korb.

„Er ist naß. Wir wechseln sein Höschen."

Malena stand daneben und sah zu, wie Mama dem Baby ein neues Windelhöschen anzog. Es hatte so dünne Beine und kleine Füßchen in blauen Socken. Es strampelte immerzu, so daß Mama es schwer hatte, die Windelhosen festzumachen. Auf dem Bauch trug es ein Pflaster.

Jetzt war es noch nicht gefährlich, das begriff Malena. Es war erst der Anfang von einem richtigen Bruder, wie Ulla und Maria welche

hatten. Wenn Mats nur langsam wachsen wollte! Aber wie er trank! Er saugte und saugte, als ob er überhaupt nicht wieder aufhören wollte. Malena ärgerte sich. Sie ging in die Küche und rührte sich Hoppelpoppel zusammen. Sie konnte das schon, aber das Baby noch nicht!
Tante Ella briet Frikadellen.

„Du mußt nun lieb und vernünftig sein", sagte sie zu Malena. „Du mußt Mama helfen und dich um das Baby kümmern. Du bist ja groß."
Aber heute war Malena weder lieb noch vernünftig. Beim Mittagessen stieß sie ihr Milchglas um, fiel hin und stieß sich am Knie. Dabei schrie sie viel lauter als Mats. Das Bein tat ja auch weh! Weder Mama noch Papa konnten sehen, wo es schmerzte, es war einfach überall. Und die Schmerzen vergingen auch nicht, als Mama mit einem Pflaster kam. Nein, heute war kein schöner Tag! Und dabei wußte Malena, daß es nur der Anfang war!

Auch Nachbarn gehören zur Familie
Hans Manz

Die Mutter kam von den Nachbarn und sprach: „Die Müllers wollen den Fahrplan zurück, den sie uns vor langer Zeit ausgeliehen haben. Aber ich kann mich nicht erinnern, wo er ist."
Die Mutter suchte den Fahrplan, sie suchte ihn in der Kommode, neben der Nähmaschine, über dem Radio, unter dem Stehpult, sie suchte und fand schließlich in der Schublade neben der Ständerlampe, über dem Sofa, unter dem Telefonbuch – ein Notizheft, das Berta schon lange vermißte.
Berta war sehr dankbar und suchte an Mutters Stelle den Fahrplan. Sie suchte ihn hinter der Eckbank, vor dem Plattenspieler, an der Fensterfront, auf dem Buffet und fand endlich hinter dem Papierkorb, vor dem Zeitungshalter, an der Wand auf dem Boden – ein Abzeichen, welches Franz kürzlich verloren hatte.

Franz war sehr froh und suchte an Bertas Stelle den Fahrplan. Er suchte ihn draußen im Korridor, drüben im Abstellraum, droben im Elternzimmer, drinnen in der Stube und fand – o Wunder! – draußen in der Garderobe, drüben beim Schirmständer, droben auf der Hutablage, drinnen in einem Handschuh – den Mopedschlüssel, der dem Vater abhanden gekommen war.

Der Vater war sehr erleichtert und suchte an Franzens Stelle den Fahrplan. Er suchte ihn gegenüber dem Kanapee, nicht weit vom Heizkörper entfernt, mitten auf dem Eßtisch, auch bei den Abfallsäcken und fand tatsächlich gegenüber der Toilette, nicht weit vom Fenster entfernt, mitten auf der Treppe, bei der Teppichstange – den Bleistiftspitzer, welchen Max verlegt hatte.

Max war sehr zufrieden und suchte den Fahrplan an Vaters Stelle. Er suchte ihn zuoberst im Schrankregal, zuunterst in der Bettzeugtruhe, zuhinterst im Keller, zuäußerst auf dem Gesimse[1] und fand zu guter Letzt zuoberst im Estrich[2], zuunterst im Schrank, zuhinterst in der Ecke, zuäußerst auf der Schachtel für die Weihnachtskugeln glücklich – die Taschenlampe, welche er vor langer Zeit von den Nachbarn ausgeliehen hatte.

„Dann bringe ich wenigstens *die* zurück", sprach die Mutter. Und als sie wiederkam, sagte sie: „Die Müllers haben sich vielmals für ihren Irrtum entschuldigt. Der Fahrplan ist unterdessen zum Vorschein gekommen."

[1] Gesims = Mauervorsprung
[2] Estrich = in der Schweiz Bezeichnung für „Dachraum"

Hannes fehlt
Ursula Wölfel

Sie hatten einen Schulausflug gemacht. Jetzt war es Abend, und sie wollten mit dem Autobus zur Stadt zurückfahren. Aber einer fehlte noch. Hannes fehlte. Der Lehrer merkte es, als er die Kinder zählte.
„Weiß einer etwas von Hannes?" fragte der Lehrer.
Aber keiner wußte etwas.
Sie sagten: „Der kommt noch."
Sie stiegen in den Bus und setzten sich auf ihre Plätze.
„Wo habt ihr ihn zuletzt gesehen?" fragte der Lehrer.
„Wen?" fragten sie. „Den Hannes? Keine Ahnung. Irgendwo. Der wird schon kommen."
Draußen war es jetzt kühl und windig, aber hier im Bus hatten sie es warm. Sie packten ihre letzten Butterbrote aus.
Der Lehrer und der Busfahrer gingen die Straße zurück.
Einer im Bus fragte: „War der Hannes überhaupt dabei? Den hab ich gar nicht gesehen."
„Ich auch nicht", sagte ein anderer.
Aber morgens, als sie hier ausstiegen, hatte der Lehrer sie gezählt, und beim Mittagessen im Gasthaus hatte er sie wieder gezählt, und dann noch einmal nach dem Geländespiel. Da war Hannes also noch bei ihnen.
„Der ist immer so still", sagte einer. „Von dem merkt man gar nichts."
„Komisch, daß er keinen Freund hat", sagte ein anderer, „ich weiß noch nicht einmal, wo er wohnt."
Auch die anderen wußten das nicht.
„Ist doch egal", sagten sie.
Der Lehrer und der Busfahrer gingen jetzt den Waldweg hinauf. Die Kinder sahen ihnen nach.
„Wenn dem Hannes jetzt etwas passiert ist?" sagte einer.
„Was soll dem passiert sein?" rief ein anderer. „Meinst du, den hätte die Wildsau gefressen?"

Sie lachten. Sie fingen an, sich über die Angler am Fluß zu unterhalten, über den lustigen alten Mann auf dem Aussichtsturm und über das Geländespiel.

Mittenhinein fragte einer: „Vielleicht hat er sich verlaufen? Oder er hat sich den Fuß verstaucht und kann nicht weiter. Oder er ist bei den Kletterfelsen abgestürzt?"

„Was du dir ausdenkst!" sagten die anderen.

Aber jetzt waren sie unruhig. Einige stiegen aus und liefen bis zum Waldrand und riefen nach Hannes. Unter den Bäumen war es schon ganz dunkel. Sie sahen auch die beiden Männer nicht mehr. Sie froren und gingen zum Bus zurück.

Keiner redete mehr. Sie sahen aus den Fenstern und warteten. In der Dämmerung war der Waldrand kaum noch zu erkennen.

Dann kamen die Männer mit Hannes. Nichts war geschehen. Hannes hatte sich einen Stock geschnitten, und dabei war er hinter den anderen zurückgeblieben. Dann hatte er sich etwas verlaufen.

Aber nun war er wieder da, nun saß er auf seinem Platz und kramte im Rucksack.

Plötzlich sah er auf und fragte: „Warum seht ihr mich alle so an?"

„Wir? Nur so", sagten sie.

Und einer rief: „Du hast ganz viele Sommersprossen auf der Nase!"

Sie lachten alle, auch Hannes.

Er sagte: „Die hab ich doch schon immer."

Niki und der türkische Junge
Irina Korschunow

Eines Tages brachte die Lehrerin einen neuen Jungen mit in die Klasse.
„Das ist Mustafa", sagte sie. „Wißt ihr, wo er herkommt? Aus der Türkei! Er spricht noch nicht viel deutsch, aber das lernt er sicher bald."
„Mustafa", kicherten die Kinder. „Mustafa". So einen komischen Namen hatten sie noch nie gehört. Das ist ja ein Pferdename! dachte Niki. Neugierig sah er den fremden Jungen an. Er hatte schwarze Haare, schwarze Augen, und seine Haut war viel dunkler als die der anderen. Ein richtiger Fremder.
„Mustafa kann sich auf Jürgens Platz setzen", sagte die Lehrerin. „Das paßt gut. Jürgen geht es in Brasilien genauso wie hier dem Mustafa. Er versteht die Sprache nicht und ist vielleicht der einzige blonde Junge zwischen lauter dunklen. Womöglich lachen die brasilianischen Kinder sogar über seinen Namen, weil er für ihre Ohren komisch klingt. Niki und Thomas, ihr wart doch Jürgens Freunde. Helft Mustafa ein bißchen, daß er sich bei uns einlebt."
Der fremde Junge setzte sich auf Jürgens Stuhl. Er legte die Hände übereinander und starrte auf die Tischplatte. Er sah nicht nach rechts noch nach links, nur auf den Tisch.
„Du, ich glaube, der ist blöd", flüsterte Niki Thomas zu.
Thomas nickte. „Mit dem spielen wir nicht", flüsterte er zurück und zog seinen Stuhl ein Stück von Mustafa fort.
Niki und Thomas waren nicht die einzigen, denen Mustafa aus der Türkei komisch vorkam. Die ganze Klasse machte einen Bogen um ihn. Helmut, der das größte Mundwerk von allen hatte, nannte ihn sogar „Knoblauchfresser". Dieses Wort verstand Mustafa zwar nicht, aber er begriff, daß es nichts Gutes bedeutete. Er wich den anderen aus, wo er nur konnte. In den Pausen stand er am Zaun und sah

zu, wie sie Fangen oder Reiterkampf spielten, und in den Stunden tat er nur selten den Mund auf. Denn kaum sagte er etwas in seinem falschen Deutsch, fingen alle an zu lachen. Dann setzte sich Mustafa schnell wieder hin, legte die Hände übereinander und starrte auf die Tischplatte.

„Seid doch nicht so dumm", schimpfte die Lehrerin. „Könnt ihr etwa irgendeine fremde Sprache sprechen? Niki, kannst du türkisch?"
Niki schüttelte den Kopf.

„Na also", sagte die Lehrerin. „Denk doch an Jürgen. Möchtest du, daß man in Brasilien über ihn lacht?"

Nein, das wollte Niki auf keinen Fall. Aber um Mustafa wollte er sich auch nicht kümmern. Es ärgerte ihn, daß ausgerechnet er neben dem fremden Jungen sitzen mußte, der immer nur auf die Tischplatte starrte.

Eines Tages brachte Niki seinen neuen Ball mit in die Schule. Der Ball war so winzig, daß er in der Hosentasche Platz hatte, aber er sprang viel höher als jeder andere. In der Pause ließ Niki ihn auf dem Schulhof springen, und fast die ganze Klasse sah zu.

„Jetzt bis zum ersten Stock!" rief Niki und schmetterte den Ball aufs Pflaster. Der sprang in die Luft, hoch, höher – und weg war er. Irgendwo beim Zaun mußte er heruntergekommen sein.

Niki rannte los, um ihn zu suchen. Den Ball fand er nicht, doch er sah Mustafa. Mustafa lehnte am Zaun. Er hatte beide Hände vor den Mund gelegt, und durch seine Finger hindurch kamen seltsame, hohe Töne. Mustafa blies auf einem Grashalm, so hell und so lange, wie Niki es noch nie gehört hatte.

Niki blieb stehen. „Toll!" sagte er. „Toll, wie du das kannst."

Mustafa nahm die Hände vom Mund. Er starrte Niki an. Dann lachte er. Niki sah ihn zum ersten Mal lachen.

Sagt Mutter immer nein?
Gina Ruck-Pauquèt

Nie würde ihre Mutter das erlauben!
Franka trug die Schultasche über der rechten Schulter. Der andere Riemen war schon wieder abgerissen.
Nie würde ihre Mutter erlauben, daß sie die Radtour mitmachte. Nie. Aber Franka war nicht gewillt, so leicht aufzugeben.
„Alle fahren mit", würde sie sagen. „Alle meine Freundinnen. Die Jutta, das Mareile und die Christel auch."
„Das ist mir ganz gleichgültig", würde die Mutter sagen. „Du fährst trotzdem nicht!"
„Warum nicht?" würde Franka fragen.
„Weil es zu gefährlich ist", würde die Mutter antworten.
„Aber wir sind doch keine kleinen Kinder mehr", würde Franka ihr entgegenhalten. „Du sagst doch selber, daß man lernen muß, sich in der Welt zurechtzufinden."
„Ja", würde die Mutter sagen. „Aber langsam und vorsichtig. Nach und nach."
„Warum dürfen denn die anderen?" würde Franka wieder anfangen.
„Das weiß ich nicht", würde die Mutter sagen. „Und das ist mir auch ganz egal."
An dieser Stelle spätestens würde Franka anfangen zu heulen.
„Laß mich doch mit!" würde sie betteln.
Und die Mutter würde sagen „Nein!" und „Basta!"
Als Franka in ihren Gedanken soweit gekommen war, stand sie vor der Wohnungstür. Sie war so angespannt wie jemand, der losspringen will.
„Na", sagte ihre Mutter. „Da bist du ja."
Und jetzt fängt es an, dachte Franka.
„Die anderen machen eine Radtour an den Steinsee", sagte sie. „Darf ich mitfahren?"
„Ja", sagte ihre Mutter.

Geschichten, die wir gern lesen

Manche Geschichten machen Spaß, weil sie von schlauen Leuten und von unglaublichen Dingen erzählen.

Der kleine Stationsvorsteher und der Zirkuszug
Gina Ruck-Pauquèt

Einmal, an einem gewöhnlichen Freitag – der kleine Stationsvorsteher hatte soeben seine Spiegeleier gegessen –, fährt ein ganz besonderer Zug in die Bahnstation ein. Es ist ein Zug voller Tiere. In einem Wagen sitzen Affen. Sie tragen rote und blaue Jäckchen und schauen ernsthaft zum Fenster hinaus. In einem anderen Abteil hockt eine Eisbärmama mit ihrem Eisbärenbaby. Da sind Ponys, Seehunde, Löwen, Tiger und Elefanten. Und ganz hinten, am Ende des Zuges,

fährt eine Giraffe mit, die so groß ist, daß der kleine Stationsvorsteher den Kopf in den Nacken legen muß, um sie ganz zu sehen.

„Guten Tag!" springt da ein regenbogenbunter Clown aus einem Wagen. „Wir sind ein Zirkus auf der Durchreise."

Und er läuft den Bahnsteig entlang und schaut nach seinen Tieren. „Alles in Ordnung!" ruft er. Doch anstatt nun das Abfahrtssignal für den Zug zu geben, macht der kleine Stationsvorsteher ein äußerst bedenkliches Gesicht.

„Mit der Giraffe kommt ihr nicht unter der Brücke hindurch", meint er. „Wir müssen durch", sagt der Schaffner. „Schließlich können wir nicht hierbleiben."

Da holt der kleine Stationsvorsteher eine Leiter und einen Zollstock, und sie messen die Brücke aus.

„Drei Meter fünfzig", sagt der Lokomotivführer. „Nun messen wir die Giraffe!" ruft der Clown, und er legt die Leiter an den Giraffenhals und klettert empor. „Fünf Meter vierzig", mißt er. „Dann ist sie zu groß", stellt der Heizer fest. „Wer sagt, daß die Giraffe zu groß ist?" meint der Clown. „Die Brücke ist zu niedrig."

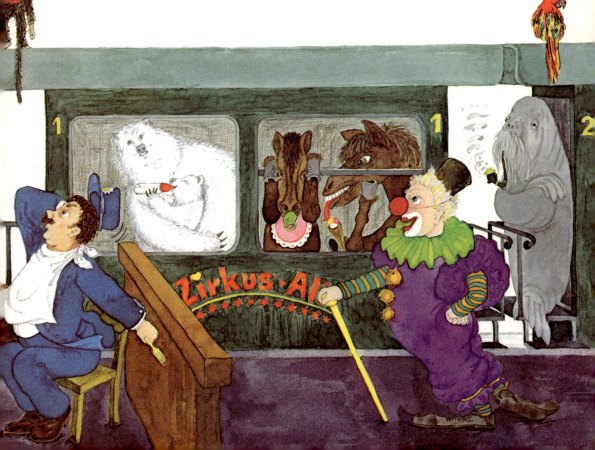

„Die Giraffe muß aussteigen", befiehlt der Lokomotivführer. „Sonst können wir nicht weiterfahren." „O nein", der Clown schüttelt den Kopf. „Die Giraffe bleibt drin! Sie hat nämlich Fahrgeld bezahlt."
„Fahrgeld hin, Fahrgeld her!" ruft der Schaffner, und es dauert keine Minute, da sind sie alle miteinander im Streit. Sogar die Tiere beteiligen sich. Die Ponys wiehern, die Seehunde bellen, die Elefanten trompeten, die Eisbären brummen, die Tiger fauchen, die Löwen brüllen, und die Affen trommeln gegen die Fensterscheiben.
Nur die Giraffe schaut freundlich auf alle hinab, und sie tut, als gehe sie das Ganze nichts an.
Endlich, als die Männer von der Aufregung so müde geworden sind, daß sie nicht mehr weiterstreiten können, fällt dem kleinen Stationsvorsteher etwas ein. Er rupft im Garten ein paar Salatblätter aus und wirft sie der Giraffe in den Wagen. „Paßt auf!" sagt er – und wahrhaftig, die Giraffe senkt ihren Kopf und beginnt zu fressen.
Und weil sie dadurch zwei Meter kleiner wird, kann der Zug nun ohne Schwierigkeiten unter der Brücke hindurchfahren. „Ja, ja", brummt der kleine Stationsvorsteher stolz, und den ganzen, langen Tag fühlt er sich wunderbar.

Herr Groß und Herr Klein
Heinrich Hannover

Herr Groß war sehr groß – sooo groß. Und Herr Klein war sehr klein – sooo klein.

„Ich bin so groß", sagte Herr Groß, „daß ich im Bett mit Kopf und Füßen anstoße." – „Ich auch", sagte Herr Klein. „Das glaube ich nicht", sagte Herr Groß. Da gingen sie ins Schlafzimmer, und zuerst legte sich Herr Groß ins Bett. Und richtig: er stieß mit Kopf und Füßen an, so groß war er. „Na, nun wollen wir mal sehen, ob Sie auch mit Kopf und Füßen anstoßen", sagte Herr Groß. Da legte sich Herr Klein ins Bett, aber nicht der Länge lang, sondern quer; und da stieß er wirklich mit Kopf und Füßen an. „Ja, so ist das ja keine Kunst", sagte Herr Groß. „Wieso", sagte Herr Klein, „ich habe gesagt, daß ich mit Kopf und Füßen anstoße; stoße ich etwa nicht mit Kopf und Füßen an?" – „Ja, das stimmt", sagte Herr Groß.

„Aber ich bin so groß", sagte Herr Groß, „daß ich über eine Kuh weggucken kann." – „Das kann ich auch", sagte Herr Klein. „Das glaube ich nicht", sagte Herr Groß. Da gingen sie auf eine Wiese, wo viele Kühe standen. Herr Groß stellte sich neben eine Kuh und konnte richtig über sie weggucken. „Na, nun wollen wir mal sehen, ob Sie auch über eine Kuh weggucken können", sagte Herr Groß. Da suchte sich Herr Klein eine Kuh aus, die im Grase lag, und stellte sich daneben. Und da konnte er auch richtig drüberweggucken. „Ja, so ist das ja keine Kunst", sagte Herr Groß. „Wieso", sagte Herr Klein, „ich habe gesagt, daß ich über eine Kuh weggucken kann; kann ich es etwa nicht?" – „Ja, das stimmt", sagte Herr Groß.

„Aber ich bin so groß", sagte Herr Groß, „daß die Badewanne überläuft, wenn ich mich reinlege." – „Bei mir läuft sie auch über", sagte Herr Klein. „Das glaube ich nicht", sagte Herr Groß. Da gingen sie ins Badezimmer, und Herr Groß ließ das Wasser in die Wanne einlaufen, zog sich aus und stieg, als die Wanne voll war, hinein. Schwappschwappschwapp – da lief die Badewanne über. „Na, nun wollen wir mal sehen, ob die Badewanne bei Ihnen auch überläuft", sagte Herr Groß. Aber Herr Klein zog sich nicht aus, Herr Klein zog sich noch mehr an: einen Pullover und noch einen Pullover und eine Jacke und noch eine Jacke und eine Hose und noch eine Hose und einen Mantel und noch einen Mantel, und zum Schluß war er sooo dick. Und dann stieg er in die Badewanne und schwappschwappschwapp – da lief die Badewanne über, und Herr Groß, der sich inzwischen schon wieder angezogen hatte, mußte schnell auf einen Stuhl steigen, weil er keine nassen Füße kriegen wollte. „Ja, so ist das ja keine Kunst", sagte Herr Groß. „Wieso", sagte Herr Klein, „ich habe gesagt, daß die Badewanne überläuft, wenn ich mich hineinlege; ist sie etwa nicht übergelaufen?" – „Ja, das stimmt", sagte Herr Groß.

Aber die Sache wäre beinahe für Herrn Klein doch noch übel ausgegangen. Denn bei der Baderei war so viel Wasser übergelaufen, daß es Herrn Klein bis über die Nase stand, als er aus der Badewanne herausstieg. Da hat ihm Herr Groß schnell unter die Arme gegriffen und ihn vor dem Ertrinken gerettet.

Aufgeschnitten ist nicht gelogen
Hans Fraungruber

Als der Ostersonntag auf einen Montag fiel, gab der Ennstaler ein Festmahl. Den ganzen Tag ließ er Krapfen backen, die waren so groß, daß eine Magd sie mit der Heugabel im Schmalz umwenden mußte. In der Braupfanne ward Suppe gekocht und mittels der Dachrinne in die Gaststube geleitet. Die Knödel mußten einzeln in Schiebkarren zum Tische geführt und zwanzig Ochsen auf dem Kirchplatze am Spieße gebraten werden, wozu man die Stangen vom Heuschober verwendete. Es gab auch köstliches Pflaumenmus; drei Paar Schimmel zogen die Schüssel, dann watete der Altknecht bis zum Gürtel hinein und schaufelte das Mus auf die Teller.

Zum Kaffee brauchte man einen Teich voll Milch, und drei Köchinnen fuhren in einem großen Boote darin herum, sie abzurahmen. Die Brotlaibe wurden mit einer scharfen Sense geteilt, und als der Hausvater die Butter anschnitt, sprang plötzlich ein Halterbub heraus, der im Sommer zuvor auf der Alm in den Milchkübel gefallen und unversehens in die Butter geraten war. Er hatte ein Loch ausgenascht so weit wie die Dorfkirche.

Als die Gäste heimkehrten, dauerte der Zug von Ostern bis Pfingsten; und wer's glaubt, wird selig.

Ein Schlaumeier
M. Taborsky

Irgendwo an der Grenze erschien der Wastl hoch zu Fahrrad mit einem großen Karton am Gepäckträger bei der Zollkontrolle.
„Etwas zu verzollen?" fragte der Zöllner.
„Nein, nichts!"
„Was haben Sie im Karton?"
„Bloß Sand", sagte der Wastl, „den bring ich dem Maler, für seine Kinder zum Spielen."
„Aufmachen!" sagte der Zöllner. Aber es war nur Sand.
„Fahren Sie weiter", sagte der Zollbeamte ärgerlich, „den Sand brauchen Sie nicht zu verzollen!"
Am nächsten Tag kam der Wastl wieder angeradelt, mit einem Karton voll Sand für die Kinder. Er mußte absteigen, der Sand wurde durchsucht. Nichts. Er durfte weiterfahren. Doch als er am dritten Tag wieder kam, eilten gleich fünf Mann herbei. Der Karton wurde ausgeleert, jedes Körnchen beguckt. Nichts wurde gefunden. Verärgert beförderten die Beamten den Sand wieder in den Karton.
Von da an konnte der Wastl ungehindert, Tag für Tag, Woche für Woche, mit dem Sand für die Kinder vom Maler über die Grenze radeln. Er hatte seinen Frieden, obwohl ihm die Zöllner nicht trauten. Verzweifelt dachten die Zollbeamten nach, was wohl der Wastl über die Grenze bringen könnte.
Eines Tages traf ein Zöllner den Wastl schon leicht angeheitert beim Wirt. Er trank weiter mit ihm auf gute Freundschaft und fragte ihn ganz vertraulich:
„Sag mal, Wastl, ich verrat dich nicht, und es passiert dir auch nichts, was schmuggelst du eigentlich?"
Da lacht der Wastl in seinem Rausch:
„Ja, seid ihr da nicht drauf kommen? Fahrräder natürlich, heute hab ich das letzte Stück auf die andere Seite geradelt."

Wetten wir, Farmer?
Sigrid Heuck

Damals, als Jim beschlossen hatte, von Beruf Cowboy zu werden, besaß er zwar ein Lasso und eine Gitarre, aber noch kein Pferd. Er mußte sich immer eins ausleihen.
Das gefiel ihm gar nicht. Alle anderen Cowboys protzten vor ihm mit ihren Pferden. Sie lachten ihn oft aus, denn die Farmer, bei denen er arbeitete, liehen ihm nur ihre ältesten Mähren. Darüber ärgerte sich Jim, und er überlegte lange, wie er es anstellen könnte, zu einem eigenen Pferd zu kommen.
Eines Tages kam ihm ein Gedanke.
„Willst du mit mir wetten", fragte er den Farmer, „daß ich es fertigbringe, mit einem einzigen Satz über dreißig nebeneinandergestellte Rinder zu springen?"
„Oho", lachte der Farmer und klopfte ihm auf den Rücken, „laß das lieber sein, Jim. Das geht schief. Du wirst zu kurz springen, und die Rinder werden dich mit ihren Hörnern stoßen. Und glaub mir, das tut weh!"
Aber Jim bestand auf seinem Angebot.
„Nun gut", meinte der Farmer, „wenn du unbedingt willst, dann wette ich mit. Du wirst dir zwar deine Hose dabei zerreißen, aber wir werden unseren Spaß haben. Um was soll's denn gehen?"
„Wenn ich gewinne, darf ich mir ein Pferd aus deiner Herde aussuchen. Gewinnst du, dann will ich ein Jahr lang ohne Lohn für dich arbeiten."
Der Farmer erklärte sich damit einverstanden.
In den nächsten Tagen suchte Jim nach einem günstigen Platz für seinen Sprung.
Er betrachtete genau alle in der Nähe stehenden Bäume. Er prüfte den Boden, hob hier und da einen Stein auf und schleuderte ihn weit von sich. Jeder, der ihn dabei beobachtete, mußte glauben, er sei übergeschnappt.

Eines Tages rief der Farmer seine Cowboys zusammen und erzählte ihnen von der Wette. „Was", riefen die Cowboys, „der kleine Jim will über dreißig Rinder springen? Er sollte sich erst einmal eine Pistole kaufen und schießen lernen!"

Der Farmer befahl ihnen, die dreißig Rinder zusammenzutreiben.

„Es ist heiß heute", sagte Jim, „die Sonne blendet." Und die dreißig Rinder mußten sich im Schatten einer jungen Fichte aufstellen.

„Seht, den Kleinen blendet die Sonne", spotteten die Cowboys.

Aber Jim ließ sich nicht aus der Ruhe bringen. Zuerst ging er langsam um die Tiere herum. Er betrachtete sie von vorn, von hinten und von der Seite. Er prüfte die Spitzen der Hörner und achtete darauf, daß die Reihe schnurgerade war.

„Platz da", schrie der Farmer, „damit Jim einen Anlauf nehmen kann!"

„Ich brauche keinen Anlauf", sagte Jim ruhig, „ich springe aus dem Stand."

„Wa-a-as!" Die Männer erstarrten vor Schreck.

„Aus dem Stand?"
Die Reihe der dreißig Rinder war ein gewaltiges Hindernis.
„Achtung", rief Jim, „jetzt geht es gleich los!"
Er nahm sein Lasso, warf es blitzschnell über den Wipfel der Fichte und zog ihn mit einem kräftigen Ruck zu Boden. Weil aber ein Fichtenstamm im allgemeinen die Eigenschaft hat, immer kerzengerade zum Himmel zu schauen, schnellte er wieder zurück und riß Jim dabei in die Höhe. Jim flog zuerst ein Stück aufwärts, dann wieder abwärts und landete schließlich weit hinter den dreißig aufgestellten Rindern. Ja, er hätte leicht das Doppelte schaffen können.
„Hurra", schrien die Cowboys, „Jim hat die Wette gewonnen! Hurra!"
Nur der Farmer freute sich nicht. Genaugenommen ärgerte er sich sogar. Aber das half ihm nichts.
Er mußte dem Sieger das Pferd geben. So war es ausgemacht, und ein Männerwort war ein Männerwort, überall auf der Welt, auch im Wilden Westen.

Manche Geschichten erzählen, was Kinder und Erwachsene wirklich erlebt haben.

Eine wahre Geschichte
Elisabeth Reil

Vater und ich fuhren damals ziemlich spät bei meinen Großeltern weg. Kann sein, daß es schon 10 Uhr war. So genau weiß ich das nicht mehr. Jedenfalls war ich ganz schön müde. Hatte mich ja auch ordentlich geplagt den ganzen Tag.
Und weil ich so müde war, dachte ich zuerst, mir flimmern die Augen. Das kommt ja manchmal vor, daß sich etwas wie ein Schleier vor die Augen legt. Man muß dann nur ein wenig zwinkern, ein paarmal die Augen auf- und zumachen, dann ist es weg.
Aber damals war's nicht weg, damals, als wir durch die Nacht fuhren. Immer war da ein Schleier vor mir auf der Straße. Manchmal war er wie eine schwebende Gestalt, dann tänzelte er. Dann winkte er. Bald schien es, als ob sich zwei Arme drohend in den dunklen Himmel reckten. Ich schloß wiederholt die Augen. Aber wenn ich sie öffnete, war es immer dasselbe: Eine Schleiergestalt, die sich aufbäumte, zusammenfiel, sich wieder emporschwang und wild um sich schlug. – Ich blinzelte zu Vater hinüber, der am Steuer saß. Ob er das auch sah? Ich wagte nicht zu fragen, weil ich nicht riskieren wollte, daß ich ausgelacht würde. „Gespenster gibt es nicht", redete ich mir ein. Mir wurde ganz kalt. Dann blickte ich wieder zu Vater hinüber. Täuschte ich mich oder saß er wirklich mit weit aufgerissenen Augen da? An seinen Schläfen sah ich, daß er ziemlich angespannt war.
Wir fuhren nun schon ein gutes Stück am Ufer des Flüßchens entlang, das unser Dorf von dem meiner Großeltern trennt. Breit ist der Fluß nicht, aber wegen dem starken Gefälle hat er doch eine beachtliche Strömung. – Das Gespenst raste uns immer noch voran. Bald sprang es zum Fluß hinüber, bald wieder auf die Straße. „Verdammt!"

hörte ich meinen Vater flüstern. Dabei trat er noch stärker auf das Gaspedal. Wir rasten immer schneller, aber das Gespenst paßte sich genau unserem Tempo an. Lautlos flog es vor uns her, und nun schien es gar, als ob es uns mit heftigen Drohbewegungen zum Halten bringen wollte.

Da quietschten die Bremsen, und mein Vater brachte das Auto mitten aus der tollen Fahrt zum Stehen. Wir stiegen aus und gingen einige Meter nach vorne. – Nun verschwand plötzlich das Gespenst in der Nacht.

Zugleich machten wir aber eine andere Entdeckung. Wir waren auf der Höhe des Flusses angelangt, wo die Brücke hinüberführt – hinüberführte – denn am Morgen war sie noch da! Jetzt sah man nur noch Balkenstümpfe aus dem Wasser herausragen.

Mir fiel es wie Schuppen von den Augen! Das Gespenst, das mich eben noch so verwirrt hatte, wollte uns warnen, wollte uns schützen vor dem furchtbaren Sturz in die Tiefe.

Jetzt war mir klar: mein Vater mußte das Gespenst auch gesehen haben. Wie wäre er sonst auf die Idee gekommen, mitten auf freier Strecke nachts anzuhalten? Es war also ein wirkliches Gespenst!

Beide sprachen wir kein Wort. Aber das war gewiß: Ohne das hilfreiche Gespenst würden wir jetzt mit dem Auto kopfüber im Fluß stecken. – Als wir zum Wagen zurückkehrten, war alles wie gewöhnlich. Nichts Geheimnisvolles, Erschreckendes war mehr da. Nur ein großer Nachtschmetterling kroch auf einem Scheinwerferglas hin und her und schlug dabei mit den Flügeln.

Kannst du auch eine wahre Geschichte erzählen? Vielleicht eine, die noch einmal gut ausgegangen ist.

Auch mit der Sprache kannst du spielen

Lustige Klangspiele

Zum Schnellsprechen
Josef Guggenmos

Sieben dumme Düsseldorfer Detektive liefen hinter sieben nudeldicken Dackeln her. Doch die sieben nudeldicken Dackel schlüpften in ein Loch, und die sieben dummen Düsseldorfer Detektive suchen immer noch.

Fischer, die als Floßfahrer
auf Flußflößen auf Floßflüssen fahren,
sind fischende Floßflußflußfloßfahrer.
Wenn die fischenden Floßflußflußfloßfahrer
aus den Floßflüssen Fische fischen,
sind's nicht Floßfische –
auch nicht bloß Fische –
es sind Floßflußfische,
es sind Flossenfische:
es sind Floßflußflossenfische.

Ungenannter Verfasser

Wer kennt andere Zungenbrecher und kann sie vortragen?

Romanze in A

Ein kleiner Aal
saß auf dem Wal.
„Nun anders 'rum mal!"　　Da schrie der Aal:
sprach der Wal.　　„Ist nicht egal.
　　Ich bin zu schmal.
　　Du aber, Wal,
　　bist kolossal."

Alfred Könner

Strahlend, grau und dunkel
oder „Das dunkle U"

Das Taglicht schwand, der Abend kam.
Die Nacht begann zu strahlen
und Sterne, klar und wundersam,
auf blauen Samt zu malen.

Nun muß die graue Maus im Haus
ins Mauseloch sich kauern,
denn Mauseaugen sehn mit Graus
die schlauen Katzen lauern.

Doch draußen, unterm Himmelsrund,
am brunnendunklen Grunde,
sucht Luchs und Fuchs nach Beute, und
du ruhst um diese Stunde.

James Krüss

Buchstabenbilder und Textbilder

Wörter

gibt's gratis. Nimm ein paar und mach eine Geschichte daraus, zum Beispiel aus diesen (und etlichen, die du dir selber aussuchst):

> O
> du
> wir
> zwei
> Reise
> Schiff
> Ägypten
> Pyramide
> Geheimnis
> Steinblock
> Schlupfloch
> Kostbarkeiten
> Schatzkammer

Josef Guggenmos

Apfel   Reinhard Döhl

```
      ..pfelApfelApfelApfel..
    .pfelApfelApfelApfelApfelA.
   felApfelApfelApfelApfelApfe
   ApfelApfelApfelApfelApfelApf
   pfelApfelApfelApfelApfelApfel
   ApfelApfelApfelApfelApfelApfe
   pfelApfelApfelApfelApfelApfelA
   ApfelApfelApfelApfelApfelApfe
    felApfelApfelApfelApfelApfel
    pfelApfelApfelApfelApfelApf
     elApfelApfelApfelWurmAp
     felApfelApfelApfelApfel
      pfelApfelApfelApfel
       pfelApfelApfelA
        pfelApfel
```

Erfindet selbst Wortbilder. Hier habt ihr einige Vorschläge:
Schiff, Schnecke mit Haus, Fisch.

Das Haus des Schreibers

Karlhans Frank

```
    Rau      A
       c   HAU
        h  SHAUS
      H    USHAUSH
      H
      HAUS      SHA
      HAUS      SHAU
     SHAUSHAUSHAUS
    USHAUSHAUSHAUSH
     AUS     SHAUS     SHA
    HAUS     SHAUS     SHAU
    HAUSHAUSHAUSHAUSHAU
    HAUSHAUSHAUSHAUSHAU
    H    HAUS     SHAU     U
    H    HAUS     SHAU     U
    HAUSHAUSHAUSHAUSHAU
    HAUSHAUSHAUSHAUSHAU
    H    HAUS     SHAU     U
    H    HAUS     SHAU     U
    HAUSHAUSHAUSHAUSHAU
    HAUSHAUSHAUSHAUSHAU
    H    SHAUSHAUSHAUS    U
    H    SHAUS    SHAUS    U
    HAUSHAUS     SHAUSHAU
    HAUSHAUS     SHAUSHAU
              W
             E
            G
              WEGWEG
```

Wortmixereien

Schnurpsenzoologie

Im Urwald, Forschern unbekannt,
lebt fröhlich der KAMELEFANT.

Durch Wüstensand trabt mit Gewackel
ein seltnes Tier, der DROMEDACKEL.

Im bunten Federkleid ganz leis
meckert im Stall die PAPAGEISS.

Besonders schmerzenreiche Bisse
verursacht uns die NASHORNISSE.

Es wiehert süß mit offnem Maul
bei Mondenschein der NACHTIGAUL.

Durchs Fenster, ohne aufzustehn,
kann der GIRAFFENPINSCHER sehn.

Du meinst, es gibt kein einz'ges Tier
von allen, die ich nannte hier?
Sei doch so gut und mal sie mir,
dann gibt es sie – auf dem Papier.

Michael Ende

Kombi-Wörter bilden
Kurt Kusenberg

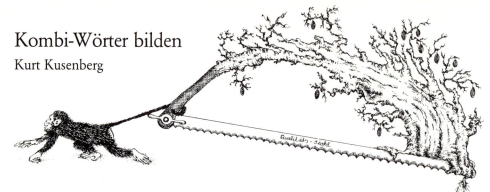

Giftzahnarzt · Regenbogenschützenfest · Stinktierschutzverein · Wolkenbruchbude · Tränensackgasse · Tennisschlägerei · Hasenherzspezialist · Blitzschlagzeug · Gernegroßhandel · Zwetschgenwasserfall · Seifenblasenleiden · Katzenjammerlappen · Nashornist · Affenbrotbaumsäge · Löschblattlaus · Butterbrotpapierkrieg

Wer findet weitere Kombi-Wörter?

Eletelefon

Es war einmal ein Elefant,
Der griff zu einem Telefant –
O halt, nein, nein! Ein Elefon,
Der griff zu einem Telefon –
(Verflixt! Ich bin mir nicht ganz klar,
Ob's diesmal so ganz richtig war.)

Wie immer auch, mit seinem Rüssel
Verfing er sich im Telefüssel;
Indes er sucht sich zu befrein,
Schrillt lauter noch das Telefein –
(Ich mach jetzt Schluß mit diesem Song
Von Elefuß und Telefong!)

Laura E. Richards

Drei Damen gehen in eine Konditorei

Die erste hat großen Hunger auf einen Mohrenkopf.
Sie pickt in die Sahne.
Die zweite leckt Eis.
Ihre Zunge friert.
Die dritte rührt in der Tasse.
Der Zucker schmeckt.
Zum Schluß trinken sie Likör,
purzeln die Steige hinunter
und drehen diesen Bericht:

Drei Konditoreien gehen in eine Dame.
Die erste hat einen großen Mohrenkopf auf Hunger.
Sie sahnt in die Picke.
Die zweite eist Leck.
Ihre Friere zungt.
Die dritte taßt in der Rühre.
Der Schmecker zuckt.
Zum Likör trinken sie Schluß,
steigen die Purzel hinunter
und berichten diesen Dreh.

Hildegard Wohlgemuth

Seltsame Sprachen

Echarps Edmerf

Die Eztak ist ein nettes Tier
mit weichem Fell und schnurrt –
vom Dnuh hingegen ist bekannt,
daß er zuweilen knurrt.

Mit lautem Nehum kommt die Huk –
das Nhuh, es legt ein Ie,
doch was vom Giewz der Legov singt,
das ist ihm ielrenie.

Doch wenn du jetzt noch ratlos guckst
und kannst mich nicht versteh'n,
dann zieh' ich meinen Tuh vor dir
und sag' Nhesredeiw Fua!

Ilona Bodden

Die geheime Botschaft

Fünf Jungen verkleideten sich manchmal als Indianer. Aber schon zweimal wurden sie von einer Horde im Wald beschlichen und überfallen, weil ihre Abmachungen belauscht und verraten wurden. Drum beschlossen sie, sich nur noch durch geheime Mitteilungen zu verständigen. Ihre Botschaften verschlüsselten sie dadurch, daß sie manche Buchstaben durch andere ersetzten.

Einmal jedoch fiel eine ihrer Botschaften in die Hände der feindlichen Horde. Diese befaßte sich mit dem geheimen Text so lange, bis er entschlüsselt war.

Alfred Birkel

Un dea Seppa „Rita Fadar"
Haota Mettug traffan wer ons uof dar Wuldweasa.
Brengt Brattar, Hummar ond Suaga met!
Wer bustaln aena Buomhoatta. Dar Plutz moß gahaem blaeban.
Dankt un dea Pluttfoßhirda!   „Fulkanuoga"

Ihr könnt die geheime Botschaft entschlüsseln, wenn ihr besonders auf die Selbstlaute achtet.

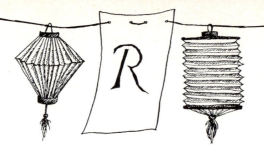

Chinesen haben's schwer

Wißt ihr, daß ein Chinamann
just das R nicht sprechen kann?
Jedes R klingt speziell
bei Chinesen wie ein L.

Hei, das nimmt sich komisch aus,
alles kommt verkehrt heraus:
„Liebel Hell", sagt der Chinese,
„sind Sie mil dalum nicht böse,
abel bei dem halten L
tu ich mich so schwel.
Meine Zunge scheint zu blechen;
dabei wüld' ich, liebe Helln,
mit euch allen gal zu geln
glad in eulel Splache splechen!"

Ja, so ging's in China mir.
Na, spricht man nicht prima hier?
Doch jetzt fahr' ich schnell nach Schweden,
sonst verlern' ich selbst das Leden!
(Verzeihung, das Reden.)

Günther Leopold

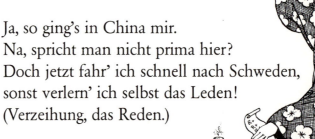

Wie wäre es, wenn wir statt „L" immer „N" sprechen würden? Suche Wörter oder Texte und schreibe sie um. Versuche, in dieser Sprache zu sprechen.

Phantastische Geschichten

Hier werden Geschichten erzählt, die man sonst nur im Traum erleben kann: Ein Ofen geht spazieren, ein Elefant telefoniert.

Der Ofen geht aus
Ilona Bodden

„Paß auf, daß der Ofen nicht ausgeht!" sagte die Frau, als sie zum Einkaufen ging, und ihr Mann brummte: „Jaja, ich will dran denken", und das tat er denn auch, aber erst nach zwei Stunden, und da war es zu spät.

Ja, zu spät, denn die Ecke, wo der Ofen gestanden hatte, war leer – der Ofen war ausgegangen, ohne einen Ton zu sagen!

Die Stube war kalt, und der Mann war in großer Sorge. „Was wird meine Frau sagen, wenn sie entdeckt, daß der Ofen nicht mehr da ist", dachte er, zog seufzend seinen Mantel an und machte sich auf die Suche.

Der Ofen war indessen guter Dinge. „Endlich", rief er und machte einen Freudensprung, „auf so eine Gelegenheit habe ich schon lange gewartet. Immerzu passen sie auf mich auf und wollen nicht, daß ich ausgehe. Unsereins will doch auch einmal seine Freiheit haben!"

Damit wackelte er die Straße hinunter.

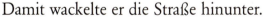

Schönes Wetter hatte er sich zum Durchbrennen allerdings nicht ausgesucht – es stürmte und schneite, daß man keinen Hund vor die Tür gejagt hätte. Aber das war nur gut, denn so ging kein Mensch auf die Straße, und er konnte ungehindert seinen Weg fortsetzen. „Zisch!" machten die Schneeflocken, wenn sie auf die heiße Ofenplatte fielen, und der Ofen strahlte vor Wonne, so sehr behagte ihm das.

„He, was bist denn du für einer?" rief er, als er an einem Gartenzaun eine weiße Gestalt entdeckte, „willst du zur Hochzeit oder zum Begräbnis?"

„Guten Tag, Herr Gevatter!" antwortete der Schneemann höflich und lüftete seinen Zylinder. „Prachtvolles Wetter heute, nicht wahr?"

„Na ja, es geht", brummte der Ofen, „eigentlich hätte ich es mir wärmer vorgestellt!"

„Aber das ist doch gerade das Gute", sagte der Schneemann, „diese herrliche Kälte und der Schnee!"

„Geschmackssache!" brummte der Ofen und wäre gern weitergegangen, doch der Schneemann wollte ihn nicht fortlassen. „Einen Augenblick, Herr Gevatter", bat er, „mir wird plötzlich so komisch zumute. Ich glaube, es ist mein Herz!"

„Ach was", sagte der Ofen, „wahrscheinlich hast du zu wenig gegessen. Mir wird auch schon ganz schwach vor Hunger."

„Oh, mir wird immer schlechter", stöhnte der Schneemann. „Ich glaube, ich habe Fieber, mir ist plötzlich so heiß!"
„Ich wollte, mir wäre auch heiß", jammerte da der Ofen, und seine roten Backen wurden zusehends bleicher. „Hu, hu, ich friere zum Gotterbarmen. Und Hunger habe ich auch."
So stöhnten sich die beiden gegenseitig etwas vor, und beide ahnten nicht, daß ein jeder schuld am Elend des anderen war. Der Schneemann wurde schwächer und schwächer, und der Besen, den er so stolz präsentiert hatte, fiel ihm aus der Hand. „Ich sterbe", ächzte er, „ach!" Der Ofen sah bestürzt auf den unglücklichen Schneemann. Sein Mund verzerrte sich, sein rundlicher Körper schwand dahin, der Zylinder rollte davon, und schließlich verlor er sogar seine Mohrrübennase. Der Ofen wußte nicht, wie er dem Schneemann helfen sollte. Endlich war gar nichts mehr von ihm übrig, der Besen und die Kohlenknöpfe lagen trübselig auf einem Häuflein geschmolzenem Schnee.
„Armer Schneemann", sagte der Ofen. „Sicher ist er verhungert!"
Und dabei fiel ihm ein, daß er ja selber schon lange nichts mehr gegessen hatte. Der Schreck ging ihm durch und durch, aber wie wurde ihm erst zumute, als er entdeckte, daß er viel zu schwach war, um weiterzugehen. „O weh", jammerte er, „was soll ich nur tun? Wäre ich bloß nicht ausgegangen. Wie gut hatte ich es zu Hause in

meiner warmen Ecke, wo man mich jede Stunde mit Holz und Kohle fütterte. Nun muß ich wie der Schneemann hier elendiglich verhungern und sterben." Dann raffte er sich auf und schrie um Hilfe, aber seine Stimme war bereits so schwach, daß ihn niemand hörte.

„Hungrig bin ich, und essen muß ich!" beschloß er verzweifelt. „Hier ist Holz, und hier ist Kohle", und er blickte auf den Besen und die Rockknöpfe des Schneemanns. „Was hilft es", dachte er, „wenn ich sie übriglasse, davon wird der arme Schneemann auch nicht mehr lebendig." Und schon öffnete er seinen Mund und verschluckte Besen und Rockknöpfe auf einmal. „Uff", seufzte er, und seine Backen röteten sich, „jetzt ist mir wieder besser. Wenn ich mich beeile, kann ich gerade noch nach Hause gehen."

Und er beeilte sich.

Als der Mann müde und durchgefroren von der vergeblichen Suche nach Hause kam, stand der Ofen an seinem alten Platz, als sei er niemals ausgegangen.

„Gott sei Dank!" sagte der Mann erleichtert und schürte den Ofen. Abends erzählte der Ofen den Bratäpfeln seine Geschichte. „Zwschschsch", summte er, „fchchchchch! Immer ordentlich essen muß man, sonst fällt einem die Nase aus dem Gesicht! Zzzzschsch!"

„Oje, meine Nase läuft", sagte ...
Auch das ist der Anfang für eine lustige Geschichte.

Peter und der Wolf
Sergej Prokofjew

Früh am Morgen öffnete Peter die Gartentür und trat hinaus auf die große, grüne Wiese. Auf einem hohen Baum saß Peters Freund, ein kleiner Vogel. „Wie still es ringsum ist", zwitscherte der Vogel fröhlich. Aus dem Gebüsch am Zaun kam eine Ente angewatschelt. Sie freute sich, daß Peter die Gartenpforte offengelassen hatte, und beschloß, im Teich auf der Wiese zu baden.
Als der kleine Vogel die Ente sah, flog er zu ihr hinunter, setzte sich neben sie ins Gras und plusterte sich auf. „Was bist du für ein Vogel, wenn du nicht fliegen kannst", sagte er. „Was bist du für ein Vogel, wenn du nicht schwimmen kannst", erwiderte die Ente und plumpste ins Wasser. So stritten sie lange miteinander. Die Ente schwamm auf dem Teich, und der kleine Vogel hüpfte am Ufer hin und her.
Plötzlich machte Peter große Augen: Er sah die Katze durch das Gras schleichen. Der Vogel streitet sich mit der Ente, dachte die Katze, da werde ich ihn mir gleich fangen. Und lautlos schlich sie auf Sammetpfoten näher. „Hüte dich!" rief Peter, und augenblicklich

flog der Vogel auf den Baum. Die Ente, die mitten auf dem Teich schwamm, quakte die Katze böse an. Die Katze ging um den Baum herum. Lohnt es sich, so hoch hinaufzuklettern? dachte sie. Wenn ich oben bin, ist der Vogel doch schon weggeflogen.

Der Großvater kam heraus. Er ärgerte sich über Peter, der auf die Wiese gegangen war und die Gartenpforte offengelassen hatte. „Das ist gefährlich", sagte er. „Wenn nun der Wolf aus dem Walde kommt, was dann?" Peter achtete nicht auf des Großvaters Worte. Jungen wie er haben doch keine Angst vor einem Wolf! Aber der Großvater nahm Peter bei der Hand, machte die Gartenpforte fest zu und ging mit ihm ins Haus.

Wahrhaftig – kaum war Peter fort, da kam aus dem Wald der riesengroße, graue Wolf. Flink kletterte die Katze auf den Baum. Die Ente schnatterte und kam aufgeregt aus dem Wasser heraus. Aber so schnell sie auch lief, der Wolf war schneller. Er kam näher und näher und erreichte sie, er packte sie und verschlang sie.

Und nun sah es so aus: Auf einem Ast saß die Katze, auf einem anderen der Vogel – weit genug weg von der Katze. Und der Wolf ging um den Baum herum und starrte sie mit gierigen Blicken an. Peter stand hinter der geschlossenen Gartenpforte, sah alles, was da vorging, und hatte nicht die geringste Angst.

Er lief ins Haus, holte ein dickes Seil und kletterte auf die Gartenmauer. Ein Ast des Baumes, um den der Wolf herumlief, reckte sich über die Mauer. Peter ergriff ihn und kletterte daran geschickt in den Baum hinüber. „Flieg hinab", sagte Peter zu dem kleinen Vogel, „und dem Wolf immer dicht an der Nase vorbei, aber sei vorsichtig, daß er dich nicht fängt!" Mit den Flügeln berührte der Vogel fast die Nase des Wolfes, während der Wolf wütend nach ihm schnappte, aber immer vergebens. Ach, wie der kleine Vogel den Wolf ärgerte, und wie der Wolf ihn zu fangen versuchte! Aber der Vogel war geschickter, und der Wolf konnte nichts ausrichten.

Inzwischen hatte Peter eine Schlinge gemacht und ließ sie behutsam hinunter. Er fing den Wolf am Schwanz und zog die Schlinge zu.

Als der Wolf merkte, daß er gefangen war, sprang er wild umher und versuchte sich loszureißen. Aber Peter hatte das andere Ende des Seils am Baum festgemacht, und je wilder der Wolf umhersprang, um so fester zog sich die Schlinge um seinen Schwanz zusammen.

Da kamen die Jäger aus dem Wald. Sie waren dem Wolf auf der Spur und schossen mit ihren Flinten nach ihm. „Es lohnt sich nicht mehr zu schießen", rief Peter vom Baume herab. „Der kleine Vogel und ich haben doch schon den Wolf gefangen. Helft uns nun, ihn in den Zoo zu bringen."

Und nun stellt euch den Triumphzug vor: Peter vorneweg, hinter ihm die Jäger mit dem grauen Wolf und am Schluß des Zuges der Großvater mit der Katze.

Der Großvater schüttelte mißbilligend den Kopf und sagte: „Aber wenn nun der Peter den Wolf nicht gefangen hätte – was dann?"

Über ihnen flog der kleine Vogel und zwitscherte: „Seht nur, was wir beide, Peter und ich, gefangen haben!"

Und wenn man ganz genau hinhört, kann man die Ente im Bauche des Wolfes schnattern hören; denn der Wolf hatte sie in der Eile lebendig hinuntergeschluckt.

Der Elefant und das Telefon
Eugen Oker

Babba, sagt der Maxl, du mußt mir eine Geschichte erzählen.
Da ist einmal, sagt der Babba, der Elefant im Urwald spazierengegangen. Und wie er um einen Baum herumgeht, was sieht er da?
Nichts, sagt der Maxl.
Nichts? fragt der Babba.
Sehen nichts, sagt der Maxl, aber hören!
Der Elefant hat zwar nichts gesehen, sagt der Babba, dafür aber ein Geräusch gehört. Er hat gehorcht, und was hört er da?
Ein Telefon, sagt der Maxl.
Der Elefant ist dem Klingeln nachgegangen, sagt der Babba, und tatsächlich steht da auf einem Baumstumpf ein Telefon und läutet.
Ein Telefon! sagt der Elefant. Endlich! Den Antrag haben wir schon vor drei Jahren gestellt!
Der Elefant hat mit dem Rüssel den Hörer abgenommen.
Hier im Urwald, sagt der Elefant, Elefant am Apparat!
Hallo, sagt es im Telefon, hier ist die Post, Abteilung Telefon. Wie ist die Verständigung?
Ausgezeichnet, sagt der Elefant.
Das freut uns, sagt das Telefonamt. Wenn Sie mit jemandem sprechen wollen, brauchen Sie nur Null zu wählen, dann meldet sich unser Fräulein, und die verbindet Sie mit jedem gewünschten Teilnehmer. Ende.
Ende, sagt der Elefant, und vielen Dank auch.

Die Geschichte hätte auch anders verlaufen können, wenn der Maxl etwas gesehen und nicht gehört hätte.

Spielst du mit?

Gesellschaftsspiele

Wechselt die Häuschen
Erwin Glonnegger

Jeder steht in einem kleinen Kreis, seinem „Haus", nur der Fänger steht außerhalb. Er klatscht dreimal in die Hände und ruft dabei: „Wechselt die Häuschen, eins, zwei, drei!"
Daraufhin muß jeder sein Haus verlassen und versuchen, ein frei gewordenes neues Haus zu erreichen. Wer zuerst ein solches betreten hat, hat das Vorrecht. Es gelingt selbstverständlich nicht allen, gleich eine neue Wohnung zu erreichen. Diese Augenblicke nutzt der Fänger aus, um so viele wie möglich abzuschlagen. Wer abgeschlagen ist, muß so lange draußen warten, bis ein neues Spiel beginnt. Die Häuser der Abgeschlagenen werden vom Fänger besetzt, der sie mit irgendeinem Gegenstand belegt. Der letzte Hausbesitzer darf der neue Fänger sein.

Ochs am Berg
Erwin Glonnegger

Je mehr hierbei mitspielen, desto lustiger! Der „Ochs am Berg" ist ein Kind, das mit dem Gesicht zur Hauswand steht. Etwa fünfzig Schritte hinter seinem Rücken haben sich die übrigen Mitspieler in einer Linie nebeneinander aufgestellt. Sobald der „Ochs am Berg" das Kommando „Los!" ruft, trippeln alle nach vorn. Nicht laufen! Nur einen Fuß vor den anderen setzen! Aber man muß dabei gut den „Ochsen" im Auge behalten. Denn sobald er sich plötzlich umdreht, muß man bewegungslos stehenbleiben. Erwischt nämlich der „Ochs am Berg" einen bei einer Bewegung, dann darf er ihn zur Startlinie zurückschicken. Gewonnen hat, wer als erster die Hauswand erreicht und mit der Hand berührt.

Staffelläufe
Peter Pallat

Bei Staffelläufen müssen immer zwei Parteien gebildet werden, die jeweils den gleichen Gegenstand ans Ziel bringen.
Die Staffel, die ihre Aufgabe zuerst gelöst hat, ist Siegerin.

Ringstaffel
Alle haben einen Trinkstrohhalm im Mund, mit dem jeder den Ring (Vorhang- oder Fingerring) vom Nachbarn abnehmen und an den Nächsten weitergeben, das heißt auf dessen Strohhalm rutschen lassen muß.

Strohhalmstaffel
Diesmal heißt die Aufgabe, mit dem Strohhalm im Mund ein dünnes Stückchen Seidenpapier oder ein Watteflöckchen vom Halm des Nachbarn wegzusaugen und weiterzureichen.
Fällt es herunter, muß die betreffende Partei von vorne anfangen.

Wer trifft am besten?

Dieter Marenbach

Wurfspiele gibt es nicht nur auf dem Volksfest. Macht euch doch im Garten oder auf dem Spielplatz ein lustiges Wurfspiel selbst.

Das braucht ihr dazu:
- Einige bunte Socken oder Strümpfe,
- Pappe, Karton oder einen Aktendeckel, den ihr zerschneiden dürft,
- Draht, den man mit der Hand biegen kann,
- einige Wäscheklammern,
- drei oder vier kleine Bälle, vielleicht abgelegte Tennisbälle,
- eine Wäscheleine und etwas Phantasie, um einen passenden Platz dafür zu finden, z.B. zwischen Zaunpfosten und Apfelbaum.

Das müßt ihr vorbereiten:
Für jeden Strumpf biegt ihr aus dem Draht einen Ring, der etwas größer ist als eure Bälle. Nun zieht ihr den Strumpf mit dem offenen Ende durch den Ring und wickelt den Strumpfrand nach außen um den Draht. Aus dem Karton schneidet ihr ein Rechteck in der Größe, daß es zusammengerollt gerade in den Strumpf paßt. So bleibt die Öffnung des Strumpfes besser erhalten. Die fertigen Socken und Strümpfe hängt ihr mit den Wäscheklammern an die Leine, und das Spiel kann beginnen.

So wird gespielt:
Die Mitspieler stellen sich an einer Wurflinie auf und versuchen nacheinander, die Bälle in die Strümpfe zu werfen. Gewonnen hat natürlich, wer die meisten Treffer erzielen konnte.

Überlegt, wie ihr das Spiel verändern könnt, und setzt Regeln fest. Denkt dabei an den Abstand der Wurflinie, an die Höhe der Leine oder an unterschiedliche Punktzahlen, wenn ihr Strümpfe mit verschieden großen Öffnungen habt. Damenstrümpfe, die eure Mutter nicht mehr anzieht, könnt ihr zu besonders großen Wurflöchern ausdehnen. Guten Wurf!

Ratespiele für jede Gelegenheit

Manche Spiele kann man überall machen: während einer Autofahrt, im Wartezimmer oder wo es dir sonst noch langweilig ist.

Ich seh' etwas, was du nicht siehst!
Barbara Hoffmann

„Ich seh' etwas, was du nicht siehst, und das ist blau." Oder baumelt, oder ist aus Metall. Und dann wird weitergefragt, bis es der andere endlich auch sieht. Geantwortet wird nur mit ja oder nein.

Das Spiel könnt ihr auch so spielen:
Ich sehe was, was du nicht siehst, und das kann fliegen.
Ich sehe was, was du nicht siehst, und das fängt mit „A" an.

Grad und Ungrad

Mutter sagt Grad, Peter sagt Ungrad. Die Hände sind auf dem Rücken versteckt. Bei los werden sie ausgestreckt, und jeder hat soviel Finger abgespreizt, wie er will. Ergibt die Zahl aller ausgestreckten Finger Grad, hat Mutter gewonnen, sonst der Peter.

Streichholz-Knobeln

Jeder bekommt vier Streichhölzer. Hinter dem Rücken nimmt er dann soviel Hölzer in eine Hand, wie er will. Dann strecken alle die Faust vor, und jeder rät, wieviel Streichhölzer insgesamt in allen Fäusten sind. Wer der richtigen Zahl am nächsten kommt, hat gewonnen.

Ein Schreib-Lesespiel
Alfred Birkel

Faltet solche Papiertreppen! Der erste Mitspieler schreibt ein Namenwort auf den ersten Faltstreifen. Der zweite Mitspieler schreibt ein Tätigkeitswort auf den zweiten Faltstreifen. Der dritte Beteiligte schreibt auf die dritte Zeile eine Zeitangabe. Der vierte vermerkt eine weitere lustige Aussage auf dem vierten Faltstreifen. Kein Schreiber darf sehen, was die mitspielenden Partner schreiben. Zum Schluß zieht man die Falttreppe auseinander und ist von dem Unsinn überrascht, der entstanden ist.

Vielleicht ergeben sich Sätze wie diese:

Spiele ohne Worte
Hildegard Schepers – Ossi Baumeister

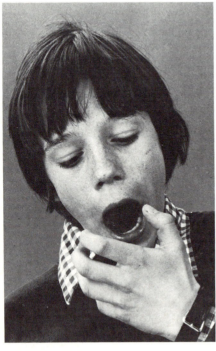

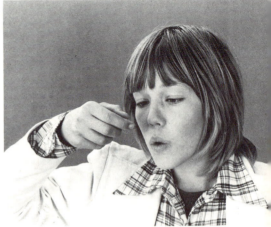

Versuche selbst darzustellen, wie du etwas ißt. Laß die anderen raten.

Ich im Spiegel
Ossi Baumeister

Spielt das Spiegelspiel.
Einer von euch ist der Spiegel. Er muß genau nachmachen, was ein anderer vorspielt. Du kannst Grimassen schneiden oder Bewegungen mit dem ganzen Körper vor deinem „Spiegel" machen.

Eine Szene ist zu erraten
Else Zaak

Ein Mitspieler tut so, als ob er sich einen Hut aufsetzt, seinen Mantel anzieht, auf die Uhr schaut, sich von seiner Familie verabschiedet, zum Bus rennt, ihn aber nicht erwischt. Er trippelt von einem Fuß auf den anderen. Der nächste Bus scheint zu kommen (das muß sich am Mienenspiel zeigen). Er mimt das Einsteigen und sucht dann krampfhaft in allen seinen Taschen.

Zum Weiterspielen
Ungenannte Verfasser

Bei dem folgenden Spiel müssen die Zuschauer erraten, wie dir zumute ist. Stelle verschiedene Stimmungen ohne Worte dar.
Nimm an: Dein Wellensittich ist entflogen, du hast etwas gewonnen, dein kleiner Bruder hat dir dein Spiel kaputt gemacht, ein Wunsch geht in Erfüllung, du bist ungerecht behandelt worden…

Wie man mit Puppen spielt
Erika Zimmermann

Mit kleinen Schritten und kleinen Bewegungen führst du deine Puppe herein. Sie kommt von der Seite oder von hinten. Man hält sie gerade, die Arme nach unten.
Und nun versuchen wir, sie zu bewegen. Sie hebt die Arme hoch, läßt sie wieder herunter. Sie dreht den Kopf hin und her, nach rechts und nach links. Sie schaut herunter zu den Zuschauern. Du reichst ihr einen Gegenstand herauf. Sie bückt sich, holt ihn hoch und versucht, ihn festzuhalten.
Dann läßt du die Puppe über die ganze Bühne gehen. Jede Puppe geht auf ihre eigene Art. Kasper und Gretel gehen flink voran. Die Großmutter geht langsam, denn sie ist schon alt. Der König geht stolz und würdig mit erhobenem Kopf. Und der Räuber schleicht geduckt an der Wand entlang und schaut vorsichtig um die Ecke.
Und jetzt könnt ihr schon eine kleine Spielszene gestalten, zum Beispiel mit dem Kasper und dem Räuber oder mit dem König und der Großmutter. Und dabei werdet ihr immer neue Bewegungen entdecken, die man mit den Puppen machen kann.

Spiele für zwei Personen

Kasper in der Schule
Alfred Birkel

Lehrer: Kinder, ich weiß mir nicht mehr zu helfen! Meine Schulklasse ist nun doch wieder viel zu groß geworden! 22 Jungen und 19 Mädchen! Wie soll ich mit so vielen zurechtkommen, und… Du liebe Zeit! Da sehe ich ja noch einen kommen! Und mit was für einer langen Nase!
Das wird doch nicht… Der hat mir gerade noch gefehlt!
(Es klopft)
Herein!

Kasper: *(tritt ein)* Guten Lehrer, Herr Tag! Einen schönen Groß von meiner Grußmutter, und ich soll fragen, ob ich sie zur Schule anmelden kann.

Lehrer: So so? Da will also einer seine Großmutter in die Schule schicken? Das kann doch bloß der Kasper sein! Nicht wahr, so heißt du doch?

Kasper: Jawohl, so heiße ich – ich kann nichts dafür, habe aber auch nichts dagegen, hä hä hä!

Lehrer: Ich auch nicht, vermutlich aber wirst du dich wohl selbst anmelden sollen. Aber so geht es nicht. Sag nur der Großmutter, sie möge morgen um 11 Uhr selbst kommen und deinen Impfschein mitbringen.

Kasper: Wieso Schimpfschein? Den braucht sie nicht! Schimpfen kann sie auch so!

Lehrer: Nun Kasper, es tut mir leid. – Ich habe jetzt keine Zeit mehr für dich! Tu, wie ich gesagt habe. Weißt du, ich habe noch viel zu tun, und heute abend muß ich eine Rede halten.

Kasper: Aber, Herr Lehrer, wenn du keine Zeit hast, warum hältst du dann eine Rede und nicht den Mund? Hä hä hä!

Lehrer: Kasper, du läßt dein Zünglein aber ein bißchen keck laufen! Wenn das so hurtig geht, will ich dir doch etwas zum Nachsprechen aufgeben. Nun werden wir ja gleich sehen, ob man dich in der Schule schon brauchen kann.
Sag mal nach: Unser alter Ofentopfdeckel tröpfelt.

Kasper: Das ist doch keine Hexerei! Das läuft bei mir wie mit Sand geschmiert. Hä hä hä!
Unser doofer Hopfendeckel höpfelt! Ach nein, das war nichts. Unser alter Hefentropfdeckel dofelt – ei, ich werde ganz hinaufgeregt. Wieder falsch! Aber ich muß es doch fertigbringen:
Unser offener Hopfentöpfler dreckelt! – Ich sehe, es geht nicht, noch nicht, noch gar nicht! Ich glaube, ich habe noch keine Zeit für die Schule.

Lehrer: So ähnlich kommt mir's auch vor. Man wird noch warten müssen, Kasper.

Kasper: Weißt du was! Ich sage zur Moosgrutti einfach, du hast noch keine Zeit, weil du eine Rede halten mußt – oder nicht?

Lehrer: Schon recht, Kasper! Ich werde noch heute mit deiner Großmutter reden. Sag ihr viele Grüße und geh du lieber in den Kindergarten. Dort werden alle ihre Freude an dir haben.

Kasper: Gewiß, gewiß – so will ich's machen, dann gibt es wenigstens dort etwas zu lachen! Hä hä hä! Und Wiedersehen im nächsten Jahr.

Das Holzkochlöffelpuppenspiel

Ungenannte Verfasser

Du kannst selbst lustige Kochlöffelpuppen basteln.
Du brauchst dazu:
- Holzkochlöffel
- Farben und Pinsel für das Gesicht
- Stoffreste für die Kleidung.

Du kannst deine Figur auch schöner machen, wenn du ihr Haare aus Hobelspänen oder Holzwolle auf den Kopf klebst oder einen Hut aus Papier aufsetzt.

Mit euren Stockpuppen könnt ihr Gespräche spielen, z.B.: Zwei Freunde oder Freundinnen treffen sich nach langer Zeit, zwei Jungen verabreden eine Radfahrt, deine kleine Schwester will nicht essen, Thomas wird geweckt und will nicht aufstehen.

Beim Zahnarzt
Jürgen Scheller

Personen: *Ein Arzt, ein Patient; Ort: Sprechzimmer eines Zahnarztes.*

Arzt: Der Nächste bitte!

Patient: Guten Tag, Herr Doktor. Ich komme nämlich wegen Zahnziehen.

Arzt: Na, das ist nicht schlimm, das werden wir gleich haben. Kurz und schmerzlos! Ich gebe Ihnen eine Spritze, und da spüren Sie nicht ein bißchen.

Patient: Tja, das ist ja sehr schön, Herr Doktor, aber was kostet denn das?

Arzt: Das ist nicht der Rede wert. Das Zahnziehen mit der Spritze kostet nur 5 Mark!

Patient: Das finde ich aber teuer. Was kostet denn das Zahnziehen ohne Spritze?

Arzt: Ohne Spritze kostet das Ziehen 2 Mark. Aber dafür ist es doch mit der Spritze vollkommen schmerzlos!

Patient: Aber Herr Doktor, so wehleidig sollte man doch nicht sein. Was macht das schon, so ein bißchen Zahnziehen. Machen Sie es nur ohne Spritze. Eine Augenblickssache. Ganz einfach: Zange rein! Zahn raus!

Arzt: Ich mache es nicht gerne ohne Spritze – und es wird Ihnen doch weiß Gott nicht auf die drei Mark ankommen.

Patient: Das nicht. Aber wozu die langen Umstände. Einfach die Zange rein, den Zahn raus. Die bißchen Schmerzen, die spielen doch gar keine Rolle. Man muß eben die Zähne zusammenbeißen.

Arzt: Das ist aber ganz unmöglich, die Zähne zusammenbeißen, wenn gerade ein Zahn gezogen wird. Hören Sie mal, wir werden es doch lieber mit einer Spritze machen.

Patient:	Nein, nichts mit der Spritze. Spritzen sind nicht notwendig. Früher gab es auch keine Spritzen. Einfach Zange rein, Zahn raus. –
Arzt:	Gut, meinetwegen. Also setzen Sie sich hin, ich hole die Zange.
Patient:	*(geht zur Tür).*
Arzt:	*(scharf)* Also setzen Sie sich jetzt hin, erst die lange Rederei und jetzt weglaufen. Hinsetzen sollen Sie sich!
Patient:	Wieso ich? *(zur Tür)* Weib, komm rein, der Doktor wäre soweit.

Der Morgengeist

Thema: Nichtrausdürfen

Werner Simon

Der Morgengeist tritt in einer Sendung des Kinderfunks (Hörfunk) im Bayerischen Rundfunk auf. Sie heißt: „DER SONNTAGSWECKER". Da gibt es am Sonntagmorgen ganz Verschiedenes zum Lachen, aber auch zum Nachdenken.

Ja, richtig. Jetzt komme ich. Der Morgengeist. Mal bin ich groß, mal bin ich klein, mal bin ich flach, mal bin ich rund, mal bin ich da, mal bin ich dort. Heute liege ich auf dem Fensterbrett. Da sieht man was, und es ist gemütlich. Und immer, wenn's mir gemütlich ist, muß ich mir was für dich überlegen.
Heut überleg ich mir für dich:
Was machst du, wenn du nicht raus darfst?
Ja, was machst du? Was kannst du machen? Du kannst dieses machen oder auch das machen.
Zum Beispiel:

Erstens:	du bleibst drinnen

– ah ja –

Zweitens: du schaust zum Fenster hinaus
                                                    – wie ich –
Übrigens: bei zehntens muß ich garantiert niesen, da nies ich mich weg, dann bin ich nicht mehr da.
Drittens: du schmollst in deinem Zimmer
                                                    – aha –
Viertens: du denkst, wenn ich mal groß bin, dann laß ich auch keinen raus
                                                    – sowas –
Fünftens: du tröstest dich: so schön ist's draußen auch wieder nicht
                                                    – so so –
Sechstens: du sagst: ich reiß aus
                                                    – na ja –
Siebtens: du schreist: ich will raus
                                                    – aber aber –
Achtens: du fühlst dich wie ein Gefangener
                                                    – hmhm –
Neuntens: du sagst dir: die mich nicht rauslassen, werden schon einen Grund haben
                                                    – meinst du –
Zehntens: du beruhigst dich und spielst was
                                                    – hatschi –
Oh, jetzt nies ich mich weg, hatschi, bis zum nächsten Mal, hatschi.

Pumuckl und der Schmutz
Ellis Kaut

Pumuckl ist ein kleiner unsichtbarer Kobold. Eines Tages bleibt er in der Werkstatt des Schreinermeisters Eder an einem Leimtopf hängen und ist seitdem für Meister Eder sichtbar. In den uralten Koboldgesetzen heißt es nämlich:

„Erstens: ein Kobold wird sichtbar, wenn er an einem menschlichen Gegenstand hängenbleibt oder eingezwickt wird.

Zweitens: er wird nur für denjenigen sichtbar, dem dieser Gegenstand gehört, und drittens: er muß bei dem Menschen bleiben, der ihn einmal gesehen hat."

Meister Eder:	Was hast du –? *(Der Schreinermeister traut seinen Augen nicht: der kleine Kerl ist über und über schwarz wie ein Kaminkehrer. Schwarz von Ofenruß.)*
Meister Eder:	*(entsetzt)* Wie siehst du denn aus?
Pumuckl:	*(schaut an sich hinunter)* Mach dir deshalb keine Sorgen, mich stört das bißchen Ruß nicht.

Meister Eder:	Aber mich, verstanden! Wo du hingreifst, machst du schwarze Flecke – da – und da –! Überall! Du wirst jetzt gewaschen, mein Freund! Wer mit Schmutz um sich wirft, wird selbst schmutzig. Ich werde dich schrubben.
Pumuckl:	Nein! Nein! Kobolde darf man nicht waschen! Noch nie ist ein Klabauternachkomme gewaschen worden. Wasser ist nur dazu da, daß man mit einem Schiff darauf herumschwimmt. Wasser ist nicht zum Waschen da!
Meister Eder:	Du wirst gleich merken, wozu es da ist!
Pumuckl:	*(brüllend)* Ich will es aber nicht merken!
Meister Eder:	*(greift nach einem Handspiegel und hält ihn dem Kobold vor das schwarze Gesicht)* Schau doch, wie du aussiehst!
Pumuckl:	*(sich anschauend)* Ich gefalle mir so. Sehr schön bin ich. So will ich immer aussehen: Nase schwarz, Stirne schwarz, Haare schwarz – also: schwarze Haare stehen mir ganz besonders gut! *(streckt die Zunge heraus)* Und wie gut eine rote Zunge in ein schwarzes Gesicht paßt! Ehrlich: du bist lange nicht so schön wie ich! Du solltest deine Nase auch ein bißchen schwarz machen, und deine grauen Haare wären schwarz auch viiiiel schöner und –
Meister Eder:	*(ungerührt)* Du wirst jetzt gewaschen. Ich hole eine Schüssel mit warmem Wasser. Und damit du mir inzwischen nicht davonläufst, wirst du eingesperrt. *(Er zieht eine Schublade auf, setzt Pumuckl hinein, schließt sie schnell wieder zu und geht nach oben, um Wasser zu holen.)*
Pumuckl:	*(tobt in der Schublade herum und klopft und stampft und schreit)* Ich will nicht! Ich mag nicht! Ich lasse mich nicht waschen! *(jammert)* Ich will nie mehr Ruß herumwerfen. Meine Haut geht beim Schrubben

kaputt! Ich bin doch nicht aus Holz – ooooh – ich bin doch aus Haut! Kobolde sterben, wenn sie gewaschen werden, ganz bestimmt! Ich bin jetzt schon ganz tot. Hörst du?! Mausetot!
(zu sich) Das ist ein guter Gedanke! Ich stelle mich einfach tot. Dann tue ich dem Meister Eder leid *(schließt die Augen).*

Meister Eder: *(kommt zurück)* Hier ist die Waschschüssel mit warmem Wasser. Jetzt komm her, Pumuckl! *(stellt die Schüssel auf einen Stuhl, hängt ein Frottiertuch über die Lehne und öffnet die Schublade)* Was ist denn jetzt los? Ist der Pumuckl eingeschlafen? Na ja, dann soll er schlafen, waschen kann ich ihn hernach auch. Machen wir halt die Schublade wieder zu!

Pumuckl: Nicht zumachen! Siehst du denn nicht, daß ich mausetot bin! *(schreit höchst lebendig)* Tu ich dir denn überhaupt nicht leid?!

Meister Eder: Nein, du tust mir überhaupt nicht leid. Jetzt gibt es nämlich ein Waschfest *(hält den zappelnden Kobold in der Hand).*

Pumuckl: Nicht waschen, bitte nicht! *(zupft an seiner Haut)* Schau nur, wie dünn meine Haut ist. Sie wird von der Seife noch dünner – vielleicht geht sie sogar ganz weg!

Meister Eder: *(setzt den Pumuckl in die Waschschüssel)* Keine Angst!

Pumuckl: *(schlägt wie wild um sich)* Ich ertrinke! Ich ertrinke! Hiiiilfe! Ich sterbe, ich sterbe!

Meister Eder: *(hält ihm die Seife unter die Nase)* Unsinn! Schau nur – wie gut die Seife riecht!

Pumuckl: Da kann ich schauen, so lange ich will – die Seife stinkt!

Meister Eder: *(seift den zappelnden Pumuckl ein)* Mach die Augen zu, sonst kommt Seife rein, und das brennt!

Pumuckl:	*(heult)* Ich brenne, ich brenne lichterloh!
Meister Eder:	Das ist doch nicht wahr! Ich bin an dein Gesicht noch gar nicht hingekommen.
Pumuckl:	*(während Meister Eder seinen Hals seift)* Nicht, das kitzelt! Nicht!
Meister Eder:	Schön, dann fangen wir eben bei den Haaren an, da werden Gesicht und Ohren und der Hals auch gleich sauber.
Pumuckl:	Nein! Nein! Nicht die Haare waschen! Die gehen mir alle aus, wenn man sie wäscht. Alle!
Meister Eder:	Hör mit dem Unsinn auf, zum Kuckuck! Der Schmutz muß herunter. Augen zu!
Pumuckl:	*(kreischend)* Die gehen nicht zu. Die bleiben offen.
Meister Eder:	Mund zu! Sonst kriegst du die ganze Seife rein!
Pumuckl:	Wenn ich sie doch schon drin habe – oooh-oooh-oooh! *(macht schleunigst Mund und Augen zu, als Eder den Wuschelkopf zu waschen beginnt)*
Meister Eder:	*(zufrieden)* So, jetzt siehst du wieder wie ein Mensch aus!
Pumuckl:	*(tief beleidigt)* Kann ich gar nicht! Ich sehe bestimmt nicht mal wie ein Pumuckl aus!
Meister Eder:	*(wickelt den Kobold von oben bis unten in ein Frottierhandtuch und setzt ihn auf einen Stuhl)*
Pumuckl:	*(zieht sich das Frottiertuch über den Kopf und klagt dumpf aus dem Tuch)* Jetzt bin ich ertrunken, erstickt und erwaschen!

Daraus kannst du ein Spiel machen

Wer ist am faulsten?
Unbekannter Verfasser

Einmal schliefen sich drei Strolche um die Zeit, da die Sonne am besten schien, in einem Straßengraben aus. Auf der Straße kam ein König daher. Der dachte bei sich: Jetzt muß ich doch einmal schauen, wer von den dreien am faulsten ist.
Er sagte zum ersten: „Geh her, da hast du einen Taler!" Der schlug die Augen müd auf und kroch zum König hin. „Du bist mir noch zu wenig faul", sagte der König und rief dem zweiten zu: „Geh du her, bekommst einen Taler." Der Angesprochene gähnte, dann wälzte er sich gemächlich zum König hin. „Auch du bist mir noch zu wenig faul", sagte der König.
Hierauf rief er den dritten an. Der aber ruckte und zuckte nicht. Nun ging der König selber zu ihm hin, stieß ihn und sagte: „Sieh, da hast du einen Taler!" Darauf murmelte der Mann: „Steckt mir ihn herein da!" – „Du bist doch der Faulste!" sagte der König und steckte ihm den Taler in die Tasche hinein.

Die Vögel warten im Winter vor dem Fenster

Ich bin der Sperling.
Kinder, ich bin am Ende.
Und ich rief euch immer im vergangnen Jahr,
wenn der Rabe wieder im Salatbeet war.
Bitte um eine kleine Spende.
    Sperling, komm nach vorn.
    Sperling, hier ist dein Korn.
    Und besten Dank für die Arbeit!

Ich bin der Buntspecht.
Kinder, ich bin am Ende.
Und ich hämmere die ganze Sommerzeit,
all das Ungeziefer schaffe ich beiseit.
Bitte um eine kleine Spende.
    Buntspecht, komm nach vurn.
    Buntspecht, hier ist dein Wurm.
    Und besten Dank für die Arbeit!

Ich bin die Amsel.
Kinder, ich bin am Ende.
Und ich war es, die den ganzen Sommer lang
früh im Dämmergrau in Nachbars Garten sang.
Bitte um eine kleine Spende.
    Amsel, komm nach vorn.
    Amsel, hier ist dein Korn.
    Und besten Dank für die Arbeit!

Bertolt Brecht

Auch dieses Gedicht könnt ihr spielen. Überlegt, wer mitspielen muß und wie die einzelnen Strophenteile gesprochen werden sollen.
Eure Rollen könnt ihr noch durch Bewegungen und Gesten verdeutlichen.

Bildergeschichten

Der große und der kleine Klaus
Christoph Meckel

1   Der große Klaus und der kleine Klaus
    bewohnten jeder ein eigenes Haus.

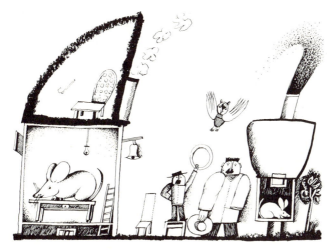

2   Sie waren befreundet, und jeder Klaus
    besaß außerdem eine eigene Maus.

3   Da sagte der große zum kleinen Klaus:
    Ich langweile mich, ich halt es nicht aus!

4 Und es sagte der kleine zum großen Klaus:
   Mein Vorschlag: Wir tauschen die Mäuse aus.

5 Von nun an wohnte die große Maus
   in dem kleinen Haus vom kleinen Klaus.

6 Aber die Maus vom kleinen Klaus
   ging verloren im Haus vom großen Klaus!

7 Meine Maus! Meine Maus! rief der kleine Klaus,
   beschaff sie mir wieder und bring sie nach Haus!

8 Der große Klaus durchsuchte sein Haus.
In keinem Mauseloch saß eine Maus.

9 Der kleine war bös auf den großen Klaus.
Sie kamen nicht mehr miteinander aus.

10 Der große Klaus lief zum kleinen Klaus
und holte die eigene Maus nach Haus.

11 Da lebte der kleine Klaus ohne Maus
ganz allein in dem leeren kleinen Haus.

12 Er hielt es nicht aus und sagte zum Klaus:
Sei nicht böse, wir söhnen uns wieder aus!

13 Sie bauten gemeinsam der großen Maus
zwischen ihren Häusern ein Mäusehaus.

14 Der große Klaus und der kleine Klaus
besaßen von nun an dieselbe Maus.

Die Buntstifte
Charles M. Schulz

Der erste Ferientag
e. o. plauen

Wie könnte die Geschichte nach dem dritten Bild auch weitergehen, wenn zum Beispiel der Vater an das Meer gefahren wäre?

Wie erzählt der Vater die Geschichte am Stammtisch, wie erzählt sie der Sohn seinen Freunden?

Von Dummköpfen und Schlaumeiern

Die Zahl der Esel
Unbekannter Verfasser

Ein Mann hatte sieben Esel. Eines Tages wollte er sie verkaufen. Ehe er sich zum Markte begab, trieb er sie zusammen, zählte sie und sagte befriedigt: „Es sind sieben Esel." Darauf sattelte er einen Esel, bestieg ihn und ritt, die anderen vor sich hertreibend, auf den Markt.

Auf dem Markte angekommen und ehe er noch abgestiegen war, sagte der Mann: „Ich werde noch einmal zählen, ob es auch wirklich noch sieben Esel sind." Von seinem Sattel aus begann er zu zählen. Er zählte die Esel, die um ihn herumstanden. Er zählte: „Eins, zwei, drei, vier, fünf, sechs." Der Mann sagte: „Ich habe mich geirrt, ich werde noch einmal zählen." Der Mann zählte wieder: „Eins, zwei, drei, vier, fünf, sechs." Der Mann erschrak und sagte: „Ich habe mich sicherlich wieder geirrt. Ich werde noch einmal zählen." Der Mann zählte wieder und immer wieder die Esel, die um ihn herumstanden. Er konnte aber immer nur sechs Esel um sich herum sehen. Der Mann sagte: „Ich muß nach Hause zurückkehren und meine Frau zählen lassen!"

Der Mann machte kehrt und ritt zurück. Er trieb die sechs Esel wieder vor sich her. Abends kam er zu Hause an und rief seine Frau: „Frau, komm!" Die Frau kam heraus. Der Mann sagte: „Frau, zähle schnell meine Esel. Ich kann nur noch sechs zählen. Heute morgen zählte ich noch sieben, und ich habe keinen verloren und keinen verkauft."

Die Frau lachte und sagte: „Du bist im Irrtum. Um dich herum sind sechs Esel, du sitzt auf dem siebenten Esel, und auf diesem siebenten Esel sitzt der achte. Du hast also keinen verloren, sondern noch einen dazugewonnen. Nun steige ab und iß zu Abend."

Waren die Schildbürger wirklich so dumm, wie sie taten?
Erich Kästner

Im Mittelalter, damals, als man das Schießpulver noch nicht erfunden hatte, lag mitten in Deutschland eine Stadt, die Schilda hieß, und ihre Einwohner nannte man deshalb die Schildbürger. Das waren merkwürdige Leute. Alles, was sie anpackten, machten sie verkehrt. Lange, sehr lange bevor die Schildbürger durch ihre sprichwörtliche Dummheit berühmt wurden, waren sie, im Gegenteil, fleißig, tüchtig, beherzt und aufgeweckt. Ja, sie waren sogar tüchtiger und gescheiter als die meisten anderen Leute. Das sprach sich bald herum. Und wenn man sich anderswo keinen Rat mehr wußte, schickte man einen berittenen Boten nach Schilda, daß er Ratschläge einhole. Am Ende

kamen allwöchentlich mindestens zwei Gesandte aus fernen Reichen und Ländern, brachten prächtige Geschenke von Königen, vom Kaiser und vom Sultan und baten, Schilda möge ihnen den einen oder anderen klugen Einwohner als Minister, Bürgermeister oder Oberlandesgerichtsdirektor ausleihen. So gingen immer mehr Schildbürger ins Ausland, erwarben sich draußen Rang, Ehren und Orden und sandten regelmäßig Geld nach Hause.

Ruhm, Geld und Titel sind ganz gut und ganz schön. Aber in Schilda selber ging es mittlerweile drunter und drüber. Da die Männer nicht daheim waren, mußten, statt ihrer, die Frauen pflügen, säen und ernten. Die Frauen mußten die Pferde beschlagen und das Vieh schlachten. Die Frauen mußten die Kinder unterrichten, die Steuern einkassieren, die Ernte verkaufen, den Marktplatz pflastern, die Semmeln backen, die Bäume fällen, die Predigten halten, die Scheunen ausbessern, die Diebe einsperren, die Glocken läuten, die Bretter hobeln, den Wein keltern, die Brunnen graben, die Wiesen mähen, die Dächer decken und abends im Wirtshaus „Zum Roten Ochsen" sitzen. Das war zuviel! Das Vieh verkam. Die Ernte verfaulte. Es regnete durch die Dächer. Auf dem Marktplatz wuchsen Brennesseln. Die Uhr am Kirchturm ging vier Stunden nach. Die Kinder wurden frech und blieben dumm. Und die armen Frauen wurden vor lauter Sorgen, Mühen und Tränen häßlich und vor der Zeit krumm und alt. Da schrieben sie ihren Männern einen wütenden Brief, worin zu lesen stand, warum und wieso sie nicht länger ein noch aus wüßten, und die Männer sollten sich schleunigst heimscheren!

Da kriegten die Männer einen Heidenschreck, verabschiedeten sich hastig von ihren tiefbetrübten Königen und Kurfürsten und vom Sultan und fuhren, aus allen Himmelsrichtungen, mit der Extrapost nach Hause zurück. Hier schlugen sie erst einmal die Hände überm Kopf zusammen. Sie kannten ihr Schilda gar nicht wieder. Die Fensterscheiben waren zersprungen. Im Hausflur wuchs Moos. Die Wagenräder quietschten. Die Kinder streckten die Zunge heraus. Und der Wind wehte die Ziegel vom Dach. „Das habt ihr von eurer Gescheitheit!" sagten die Frauen ärgerlich. Und die Männer gingen, ohne ein Wort zu sagen, ins Bett.

Ein paar Tage später trafen sie sich im „Roten Ochsen", tranken Bier, klagten einander ihr Leid und kratzten sich hinter den Ohren. Draußen vorm Gasthof standen schon wieder fünf Gesandte aus fremden Ländern und baten um Gehör. „Schickt sie weg!" sagte der Ochsenwirt. „Diesmal können wir unsern guten Rat selber brauchen. Das Hemd ist auch uns näher als der Rock." Dann streckte er den Kopf durchs Fenster und rief: „Wir haben leider alle den Keuchhusten!" Da kletterten die fünf Gesandten auf ihre fünf Pferde und machten sich aus dem Staube. Denn Keuchhusten ist, wie jedes Kind weiß, ansteckend. So hatten die Schildbürger ihre Ruhe, bestellten die nächste Runde Bier, bliesen den Schaum vom Glas und dachten angestrengt nach.

Beim sechsten Glase wischte sich der Schweinehirt den Schnurrbart und sagte: „Ich hab's!" Er war lange Zeit Stadtbaumeister in Pisa gewesen, hatte dort den bekannten Schiefen Turm erbaut und galt auch sonst für sehr tüchtig. „Ich hab's!" sagte er noch einmal. „Die Klugheit war an allem schuld. Und nur die Dummheit kann uns

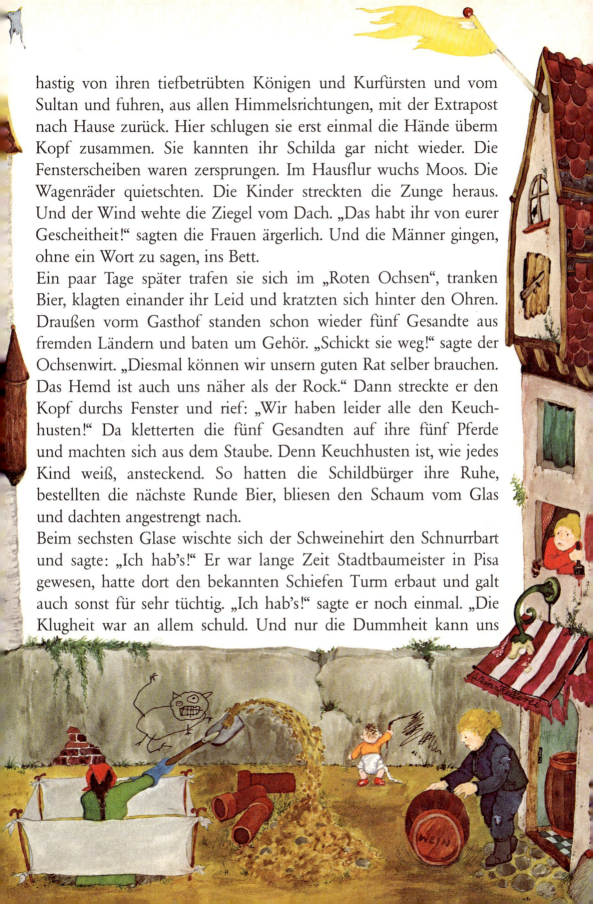

retten." Weil sie ihn zweifelnd anschauten, fuhr er fort: „Uns bleibt kein anderer Ausweg. Wir müssen uns dummstellen. Sonst lassen uns die Könige, der Kaiser und der Sultan nicht in Ruhe." „Aber wie stellt man sich dumm?" fragte der Grobschmied. „Es wird nicht ganz leicht sein", antwortete der Schweinehirt. „Dumm zu scheinen, ohne dumm zu sein, verlangt viel Scharfsinn. Nun, wir sind gescheite Leute, und so werden wir's schon schaffen." „Bravo!" rief der Schneidermeister. „Dummsein ist mal was andres!" Und auch den übrigen gefiel der Vorschlag des Schweinehirten ausgezeichnet.

Wer am besten reimt, wird Bürgermeister
Erich Kästner

Da Schilda zum Kaiserreich Utopia gehörte, ist es weiter kein Wunder, daß dem Kaiser von Utopia die Dummheit der Schildbürger bald zu Ohren kam. Da er sich aber in früheren Jahren oft bei ihnen Rat geholt hatte, hielt er das, was man neuerdings über ihre Streiche zu erzählen wußte, für Gerüchte und Gerede. Deshalb beschloß er, selber einmal nach Schilda zu reisen. Er schickte also einen Boten, kündigte seinen hohen Besuch an und ließ ausrichten, sie sollten ihm „halb geritten und halb gegangen" entgegenkommen, und wenn sich ihre Antwort auf seine Begrüßungsworte reime, so werde er Schilda zur freien Reichsstadt ernennen und den Einwohnern die Umsatzsteuer erlassen.
Die Aufregung in Schilda war natürlich groß. Und im Rathaus ging es hoch her. Denn wer von ihnen sollte denn dem Kaiser, wenn er käme, antworten? Noch dazu in gereimter Form? „Das ist doch sonnenklar!" rief der Schuster. „Unser Bürgermeister muß das tun!" „Du hast gut reden", erwiderte der Bäcker. „Wir haben doch gar keinen Bürgermeister!" Verdutzt sahen sie einander an. Tatsächlich! Sie hatten vergessen, einen Bürgermeister zu wählen! Nun, sie be-

schlossen einstimmig, gleich am nächsten Tag das Versäumte nachzuholen. „Und wen wollen wir wählen?" fragte der Schweinehirt neugierig. Da meinte der Ochsenwirt: „Den, der bis morgen das beste Gedicht macht!" Der Vorschlag gefiel ihnen über alle Maßen. Und sie gingen schleunigst heim, um etwas Hübsches zu dichten. Denn jeder von ihnen wäre selbstverständlich gerne Bürgermeister geworden.

In der folgenden Nacht schliefen sie alle miserabel. Jeder lag in seinem Bett und versuchte, irgend etwas zu dichten. Reimen sollte sich's auch noch! Der Schweinehirt dichtete so angestrengt, daß seine Frau davon aufwachte. Sie zündete eine Kerze an und fragte, was mit ihm los sei. Da verriet er ihr seinen Kummer. „Ich finde keinen Reim", klagte er, „und möchte doch Bürgermeister werden!" „Würde ich dann Bürgermeisterin?" erkundigte sie sich. Und als er nickte, begann sie auf der Stelle eifrig nachzudenken. Schon eine Viertelstunde später hatte sie ein vierzeiliges Gedicht für ihn fix und fertig und sagte es ihm auf. Es lautete:

> *„Katrine heißt die Gattin mein,*
> *möcht gerne Bürgermeist'rin sein,*
> *ist schöner als mein schönstes Schwein*
> *und trinkt am liebsten Moselwein."*

Sie sprach ihm das Gedicht neunundneunzigmal vor, und er mußte es neunundneunzigmal nachsprechen. Da klingelte der Wecker, und der Schweinehirt mußte ins Rathaus.

Die meisten Gedichte, die man zu hören kriegte, waren nicht viel wert. Der Schuster deklamierte zum Beispiel:

> *„Ich bin ein Bürger und kein Bauer*
> *und mache mir das Leben bitter."*

„Das kann ich besser!" rief der Hufschmied und dichtete:

> *„Ich bin ein Bürger und kein Ritter*
> *und mache mir das Leben sauer."*

Doch auch seine Verse fanden keinen rechten Anklang. So ging das eine ganze Weile hin, bis dann der Schweinehirt aufgerufen wurde. Er holte tief Luft und sagte mit lauter Stimme:

> *„Meine Frau, die heißt Katrine,*
> *wär gerne Bürgermeisterin,*
> *ist schwerer als das schwerste Schwein*
> *und trinkt am liebsten Bayrisch Bier."*

Daß er damit den Vogel abschoß, wird niemanden von euch wundern. Der Schweinehirt wurde also unter Beifallsrufen zum Bürgermeister von Schilda gewählt. Und er und seine Frau waren aufeinander sehr stolz.

Du kannst sicher auch so reimen
wie die Schildbürger:

Der Bauer Hans ist gar nicht faul,
kauft auf dem Markt den schönsten Gaul.
Es fängt der Hans voll Lust und Tücke
mit seiner Mütze eine Mücke.

Was die Jahreszeiten bringen

Wetterregeln

Frühling
Märzenschnee
tut den Saaten weh.

April, April –
der tut, was er will.

Regen im Mai
bringt uns Brot und Heu.

Sommer
Wenn kalt und naß der Juni war,
verdirbt er meist das ganze Jahr.

Einer Reb' und einer Geiß
ist's im Juli nie zu heiß.

Weht im August der Wind aus Nord',
ziehen die Schwalben noch lange nicht fort.

Herbst

September warm und klar –
verheißt ein gutes nächstes Jahr.

Oktoberhimmel voller Sterne –
hat warme Öfen gerne.

Blühen im November die Bäume aufs neu,
dauert der kommende Winter bis in den Mai.

Winter

Ist es grün zur Weihnachtsfeier,
fällt der Schnee auf Ostereier.

Kommt im Januar Eis und Schnee,
gibt's zur Ernt' viel Korn und Klee.

Spielen die Mücken im Februar,
frieren Schaf' und Bien' das ganze Jahr.

Unbekannte Verfasser   (Volksgut)

WER

hat Zugvögel
vor die Sonne gespannt,
die ziehn sie bergauf und
zurück ins Land,

wo alle auf die Sonne warten,
wo alle auf die Vögel warten:

da brennt die Sonne Löcher in den Schnee

und im Garten der Schneemann
wird ein kleiner See,

Hennen und Hasen
schlüpfen durch die Hecke
in Nester und Verstecke,
und über den Rasen,
wo schon Krokusse blühn,
huscht ein Licht
und ein Schatten und
beide sind grün:
welcher Monat ist es?

Gesa Brunkow

Lob des Frühlings

Saatengrün, Veilchenduft,
Lerchenwirbel, Amselschlag,
Sonnenregen, linde Luft.

Wenn ich solche Worte singe,
braucht es dann noch großer Dinge,
dich zu preisen, Frühlingstag?

Ludwig Uhland

Ihr habt nun zwei Frühlingsgedichte kennengelernt. Vergleicht, was Ludwig Uhland und Gesa Brunkow sagen.

Goldene Welt

Im September ist alles aus Gold:
Die Sonne, die durch das Blau hinrollt,
das Stoppelfeld,
die Sonnenblume, schläfrig am Zaun,
das Kreuz auf der Kirche,
der Apfel am Baum.

Ob er hält? Ob er fällt?
Da wirft ihn geschwind
der Wind
in die goldene Welt.

Georg Britting

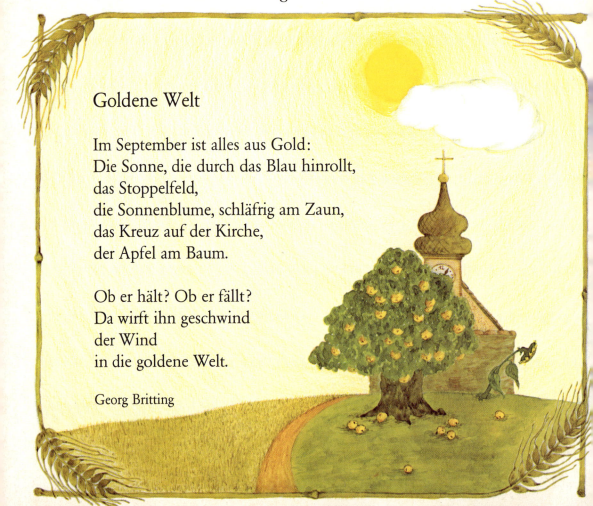

Fastnacht

Von den Masken zur Faschingszeit
Alfred Birkel

Als unsere Vorfahren noch in Höhlen und Hütten lebten, hatten sie unter der kalten Jahreszeit viel zu leiden. Sie glaubten damals, das schlechte Wetter komme aus der Macht der bösen Geister. Wenn dann nach den strengen Wintertagen das Tauwetter endlich einsetzte, meinten sie, die Kraft der Geister sei nun gebrochen und so geschwächt, daß man sie vollends vertreiben könne. Darum verwandelten sie sich selbst in Schreckgestalten und begannen laut zu gröhlen, gefährlich zu fuchteln und durch absonderliches Springen, Hüpfen und Tanzen die Naturgeister zu ängstigen. So hofften sie, diese zum Flüchten zu zwingen.

Wenn wir an diesen alten Brauch denken, können wir besser verstehen, was die Faschingsumzüge bedeuten, die jetzt noch jedes Jahr zwischen Weihnachten und Ostern durchgeführt werden. Auch die Fastnachtsnarren wollen so seltsam wie möglich verkleidet sein.

Aber das ganze närrische Faschingstreiben zur Fastnachtszeit unserer Jahre ist nicht mehr gegen böse Geister gerichtet. Wer sich heutzutage an einem Faschingsfest und -umzug beteiligt, tut es nur aus Lust und Freude an diesem übermütigen, buntbewegten Treiben.

Wenn Karneval im Dorfe ist

Wenn Karneval im Dorfe ist,
da geht es lustig zu.
Dann kommt mit einem Gartenschirm
die alte, bunte Kuh.
Die Gans trägt einen Schleierhut,
kommt alle her und schaut!
Das Pferd hat Holzpantoffeln an,
die klappern lustig-laut.
Der Truthahn geht im Schleppenkleid,
der Esel im Zylinder.
Da staunen Bürgermeisters Ruth
und all die andern Kinder.

Bruno Horst Bull

Die kleine Hexe auf der Dorffastnacht
Otfried Preußler

Es war Fastnacht im Dorf! Und weil Fastnacht war, hatten die Kinder am Nachmittag schulfrei bekommen und tollten verkleidet über den Dorfplatz.
Die kleinen Türken warfen Papierschlangen. Der Hottentottenhäuptling brüllte: „Uaaah! Uaah!" Der Menschenfresser schrie: „Hungärr! Hungärr! Wer will sich frrressen lassen?" Die Chinesenmädchen kreischten auf chinesisch, die Eskimofrauen quietschten in der Eskimosprache, und die Cowboys schossen mit Stöpselpistolen in die Luft. Der Schornsteinfeger schwenkte seinen Pappzylinder, der Kasperl haute dem Wüstenscheich mit der Pritsche eins auf den Turban, und der Räuberhauptmann Jaromir schnitt so grimmige Gesichter, daß ihm der angeklebte Schnurrbart nicht halten wollte und immer wieder herunterfiel.
„Siehst du die kleine Hexe dort?" fragte Abraxas nach einer Weile.
„Wo denn?"
„Na, dort vor dem Spritzenhaus! Die mit dem langen Besen!"
„Ach ja!" rief die kleine Hexe. „Die muß ich mir gleich aus der Nähe begucken!"
Sie lief zu der Fastnachtshexe und sagte: „Guten Tag!"
„Guten Tag!" sagte die Fastnachtshexe. „Bist du vielleicht meine Schwester?"
„Schon möglich", sagte die richtige kleine Hexe. „Wie alt bist du denn?"
„Zwölf Jahre. – Und du?"
„Einhundertsiebenundzwanzigeinhalb."
„Das ist gut!" rief die Fastnachtshexe. „Das muß ich mir merken! Von nun an sage ich, wenn mich die Kinder nach meinem Alter fragen: Zweihundertneunundfünfzigdreiviertel!"
„Ich bin aber wirklich so alt!"

„Ja, ich weiß, du bist wirklich so alt! Und du kannst ja auch wirklich hexen und auf dem Besen reiten!"

„Und ob ich das kann!" rief die richtige kleine Hexe. „Was wetten wir?"

„Wetten wir lieber gar nichts", sagte die Fastnachtshexe. „Du kannst es ja doch nicht."

„Was wetten wir?" fragte die richtige kleine Hexe noch einmal.

Da lachte die Fastnachtshexe und rief: „Ihr Chinesenmädchen, kommt her! Und ihr Türken und Neger, kommt auch her! Kommt alle her, Wüstenscheich, Eskimofrauen und Menschenfresser! Hier steht eine kleine Hexe, die kann auf dem Besen reiten!"

„Nicht möglich!" sagte der Kasperl.

„Doch, doch!" rief die Fastnachtshexe. „Sie hat mit mir wetten wollen! Nun soll sie mal zeigen, ob sie die Wahrheit gesagt hat!"

Im Nu waren beide Hexen von allen Kindern umringt. Der Schornsteinfeger und der Räuberhauptmann Jaromir, der Kasperl und die Indianer, der Hottentottenhäuptling, die Türken und Negerlein – alle drängten sich lachend und schreiend auf einen Haufen.

„Halte uns nicht zum Narren!" riefen die Eskimofrauen.

„Wir binden dich sonst an den Marterpfahl!" drohte der Indianer Blutige Wolke.

„Wenn du geschwindelt hast", brüllte der Menschenfresser, „dann werde ich dich zur Strafe auffressen! Hörst du? Du mußt nämlich wissen, ich habe Hungärr!"

„Friß mich nur ruhig auf, wenn du Hunger hast", sagte die kleine Hexe.

„Aber du mußt dich dazuhalten, weil ich sonst weg bin!"
Da wollte der Menschenfresser die kleine Hexe beim Kragen packen. Aber die kleine Hexe war schneller. Sie sprang auf den Besen – und hui! war sie hoch in den Lüften.
Der Menschenfresser plumpste vor Schreck auf den Allerwertesten. Negern und Türken, Chinesenmädchen und Eskimofrauen verschlug es die Sprache. Dem Wüstenscheich fiel der Turban herunter, der Räuberhauptmann vergaß das Grimassenschneiden. Blutige Wolke, der tapfere Indianerkrieger, erblaßte unter der Kriegsbemalung. Die Negerlein wurden käsebleich; doch das sah ihnen keiner an, denn sie hatten sich die Gesichter ja glücklicherweise mit Ofenruß eingeschmiert.
Die kleine Hexe ritt lachend rund um den Dorfplatz. Dann setzte sie sich auf den Giebel des Spritzenhauses und winkte hinunter. Der Rabe Abraxas hockte auf ihrer Schulter und krächzte:
„He, ihr dort unten! Glaubt ihr nun, daß sie hexen kann?"
„Aber ich kann noch viel mehr hexen!" sagte die kleine Hexe. „Der Menschenfresser hatte doch solchen Hunger..."
Sie spreizte die Finger und murmelte etwas. Da prasselte auf den Dorfplatz ein Regen von Fastnachtskrapfen und Pfannkuchen nieder! Jubelnd und jauchzend stürzten sich alle Kinder auf die fetten Bissen und aßen sich daran satt. Auch der Menschenfresser verschmähte die Krapfen nicht, obwohl es doch eigentlich gegen seine Gewohnheit war.
Nur die Fastnachtshexe aß nichts davon. Sie schaute der richtigen kleinen Hexe nach, die jetzt kichernd auf ihrem Besen davonritt, und dachte:
„Nein, so etwas, so etwas! Am Ende stimmt es nun doch, daß sie einhundertsiebenundzwanzigeinhalb Jahre alt ist..."

Ihr habt sicher Lust, in der Klasse oder zu Hause Fastnacht zu feiern. Hier habt ihr einige Anregungen dazu. Spielvorschläge findet ihr auf den Seiten 97, 98 des Lesebuchs.

Wir machen unsere Fastnachtsmasken selber
Alfred Birkel

1. Aus einem Schuhkarton oder einem Aktendeckel schneiden wir ein Viereck – etwa 25 x 20 cm (Abbildung 1).

2. Auf den Karton zeichnen wir mit Bleistift ein Ei als Gesicht (Abbildung 2) und schneiden es aus (Abbildung 3).

3. Mit dem Bleistift ziehen wir einen waagrechten Strich durch die Mitte unseres Gesichtes. Auf diese Linie zeichnen wir die Augen, die wir in der Mitte für „Sehlöcher" durchbohren (Abbildung 4).

4. Die Abbildung 5 zeigt, wie man Augenbrauen, Augen, Nase und Mund zeichnen könnte, wenn ein Gesicht entstehen soll. Die Striche werden mit schwarzem Wachsmalstift kräftig nachgezogen.

5. Bei den Abbildungen 6–11 seht ihr, wie ihr lustige oder schreckliche Masken aufzeichnen könnt.

6. Danach bemalen wir die Maske mit bunten Wachsmalstiften oder Deckfarben.

7. Zum Schluß bohren wir auf beiden Seiten der Maske ein Loch durch den Karton und befestigen zwei Bänder, damit man die Maske hinten am Kopf festbinden kann. Die Maske hat vor dem Gesicht einen besseren Halt, wenn wir die Maskennase ausschneiden.

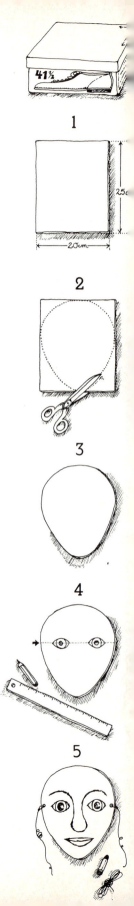

Wir machen ein Kinderfest
Sybil Gräfin Schönfeldt

1. Unser *Luftballon- und Andenkenstand:* Ein alter Kinder- oder Leiterwagen wird mit Silber- und Kreppapier geschmückt oder angemalt und mit gesammeltem Krimskrams und Souvenirs[1] vollgeräumt. An Stäben oder am Griff wird eine große Traube mit aufgeblasenen Luftballons festgebunden. Bezahlung mit gewonnenen Spielmarken. Alle Kinder bekommen zur Begrüßung ein Beutelchen mit Spielmarken und gewinnen beim Spiel unter Umständen noch mehr dazu. Das können sie für Essen oder für das Werfen ausgeben. Vorher ungefähr ausrechnen, wie viele Marken pro Nase gebraucht werden, damit die Kinder genug Spaß haben und alle Kuchen und Süßigkeiten auch gekauft werden können.
Standinhaber werden nach genauem Plan von anderen Kindern abgewechselt, damit jeder mal zum Spielen und zum Verkauf kommt.
2. Auf den inneren Boden großer Kartons lustige Gestalten mit weitaufgerissenen Mäulern malen, die Münder als Loch ausschneiden, die Kartons auf Hocker stellen und davor eine Bügelbretttheke aufbauen. Man muß mit kleinen Bällen durch die Mundöffnungen werfen. Drei Würfe für eine Spielmarke, Trostpreis bei einem Treffer innerhalb von drei Würfen, normaler Preis bei zwei Treffern in drei Würfen, großer Hauptpreis bei drei Treffern mit drei Würfen.

[1] Andenken

Ringwerfen: Mit Reifen um Gewinne auf runde Scheiben (Bierdeckel) werfen.

Schießstand: Mit Gummipfropf- oder Magnetpistolen von einer Theke aus auf eine Scheibe schießen.

Angelstand: Einen großen Karton auf Stuhl oder Tisch so stellen, daß man nicht hineinschauen kann. Außenwände des Kartons mit Wasserpflanzen und Fischen bemalen, in den Karton bunte Pappfische mit Klammern aus Metall werfen, die mit Magnetangeln gefangen werden müssen. Anzahl der gefangenen Fische bestimmt den Gewinn.

Verkaufsstand für Kuchen, Saft und Eis: Tisch, auf dem sich Backbleche oder Obstkörbe voll Eßwaren befinden, oder statt dessen gestapelte Kartons. Bezahlung mit gewonnenen Spielmarken.

Ein Rezept für den Früchtekarneval findet ihr auf Seite 126 im Lesebuch.

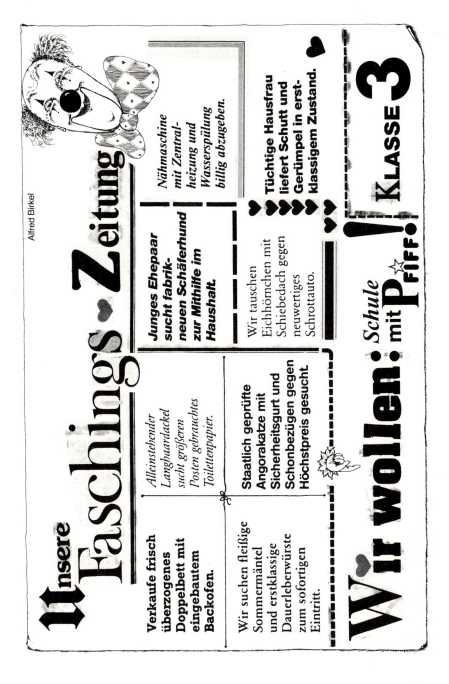

Ihr könnt selber eine Faschingszeitung machen. Schneidet dazu Wörter aus der Zeitung und setzt sie zu lustigen Sätzen zusammen. Durch Druckfehler werden sie besonders witzig.

Köpfchen muß man haben

Wer kann helfen? Alfred Birkel

Zwei Männer kommen mit zwei Jungen an einen Fluß. Sie möchten hinüberfahren, am Ufer liegt ein Kahn. Dieser kann aber nur 100 kg tragen. Drum wird es schwierig. Jeder der beiden Männer wiegt nämlich schon 100 kg. Der eine Junge wiegt 48 kg, der andere 52. In welcher Reihenfolge muß gefahren werden, damit alle über den Fluß kommen?

Ein „schlauer" Bursche
Alfred Birkel

In einem Hafen lag ein großer Personendampfer. Von der Schiffswand hing eine Strickleiter herab. Als ein Bursche vom Ufer aus diese bemerkt hatte, dachte er: „Ich will mir ein Boot mieten, und wenn es dunkel ist, werde ich an der Leiter hochsteigen. Auf dem großen Schiff werde ich mich irgendwo verstecken bis zu seiner Abreise. Dann kann ich ohne Geld nach Amerika reisen."

Als er abends an der Strickleiter angekommen war, mußte er erkennen, daß ihr Ende noch 1½ m über ihm hing, so daß er es nicht erreichen konnte.

Plötzlich kam ihm ein Gedanke. „Das ist gar nicht schlimm", sagte er sich, „ich kann warten. In einer Stunde kommt die Flut. Dann steigt das Wasser in jeder Stunde 50 cm. Und deshalb werde ich's doch schaffen."

Wie lange, denkt ihr, wird es dauern, bis der Junge die Strickleiter erreichen wird?

Ohne Füße um die Wette
eil ich fort im schnellsten Lauf,
höre Tag und Nacht nicht auf,
und bin dennoch stets im Bette.

Eines Vaters Kind,
einer Mutter Kind
und doch keines Menschen Sohn.

Ungenannte Verfasser

Was ist bei einer Mücke groß,
bei einem Kamel aber klein?

Ulrike Restan

Rate, rate, rate:
Das Ding steckt in dem Braten,
es sitzt im Bier und nicht im Faß,
es sitzt im Wasser und nicht im Glas.
Der Kuckuck soll es holen!
Das Ding sitzt nicht in Polen;
Straßburg ist die schöne Stadt,
die das Ding gar zweimal hat. –

Ungenannter Verfasser

Das Rätsel läßt sich leichter lösen, wenn ihr bei dem Ding nicht an einen Gegenstand denkt.

Zwei Baumeister wollen ein Haus bauen.
Womit fängt jeder an?

Es hat einen Rücken
und liegt nicht drauf.
Du brauchst keinen Hammer
und schlägst es auf.
Es hat keinen Mund
und redet doch klug.
Es ist kein Baum
und hat Blätter genug.

Ungenannte Verfasser

Märchen

Die Wundertiere und der Wunderknüppel
Unbekannter Verfasser

Es war einmal ein sehr armes Ehepaar, alte Leutchen, deren ganze Habe aus einer einzigen Henne bestand. Eines Tages wollten sie die Henne schlachten, aber als sie sie gefangen hatten, legte sie ein goldenes Ei. „Warum sollten wir das Tier schlachten, wenn es uns jeden Tag ein goldenes Ei legt", sagten die beiden zueinander und ließen sie laufen. Als sie die Henne aber am folgenden Tag wieder fangen wollten, war sie verschwunden. Da nahm der Alte seinen Stab und ging auf die Suche. „Ohne die Henne komm' ich nicht heim", sagte er zu seiner Frau.

Lange wanderte er – schnell ist ein Märchen erzählt, aber lange braucht es, bis es geschieht –, endlich aber kam er zu der Hütte einer ganz alten Frau. Der erzählte er von seiner Henne und frug sie, ob sie diese nicht gesehen habe. „Nein, gesehen hab' ich sie nicht, aber ich gebe dir dafür ein Pferd; wenn du wieherst, gibt es dir jedes Gericht, das du nur haben willst." Und mit diesen Worten schenkte sie ihm einen unscheinbaren Gaul. Mit vieler Mühe bestieg der Alte das Tier und machte sich auf den Weg.

Als er durch einen Ort kam, lachten ihn die Leute wegen seines elenden Kleppers aus. „Lacht, soviel ihr wollt", sagte er, „bloß wiehert nicht; wenn ihr wiehert, gibt's zu essen, was ihr nur wollt." Niemand glaubte ihm, die Jungen aber lachten ihn noch mehr aus und wieherten zum Scherz: auf einmal aber waren die verschiedensten Gerichte da, so viele, daß das ganze Dorf sich davon satt essen konnte. Den Alten luden sie mit viel Ehrerbietung in das Gastzimmer, und als er sich niederlegte, um auszuruhen, tauschten sie ihm sein Pferd gegen ein anderes, ebenso unscheinbares aus. Nachdem der Alte sich nun ausgeruht hatte, eilte er heim zu seiner Frau, ohne zu bemerken, daß er auf einem anderen Pferde saß. Zu Hause wollte er sein Kunststück gleich seiner Frau zeigen, aber soviel diese auch wieherte, das Pferd gab gar nichts von sich.

Dann führte der Alte das Tier zu der Alten zurück, die es ihm geschenkt hatte, und machte ihr Vorwürfe, daß sie ihn betrogen habe. „Nein, ich habe dich nicht betrogen", sagte diese, „aber ich gebe dir dafür eine Ziege; wenn du ,mää' sagst, so fallen aus ihrer Nase und ihrem Maul Goldstücke." Der Alte nahm seine Ziege, ging weg und kam auf seinem Weg durch denselben Ort, wo sie ihm sein Pferd ausgetauscht hatten. Dasselbe taten sie dort auch mit der Ziege, und als der Alte nach Hause kam und seiner Frau die Ziege vorführen wollte, nutzte wieder alles Määrufen nichts, die Ziege gab kein Gold von sich.

„Was das für ein gottloses Weib ist", sagte der Alte, „warum betrügt sie mich denn immer?" Und ging wieder zu der Alten und machte ihr bittere Vorwürfe. Die gab ihm, um ihn loszubringen, einen Knüppel und sagte: „Da hast du einen Knüppel; wenn dir jemand Unrecht tut und du sagst ,dom, dom', dann wird er alle so lange prügeln, bis du ihm befiehlst aufzuhören oder bis dir die Geprügelten deinen Willen tun."

Mit dem Knüppel bewaffnet, ging der Alte wieder in jenen Ort, wo sie ihm Pferd und Ziege ausgetauscht hatten. Als die Leute da wieder sich um ihn versammelten, warnte er sie: „Gebt acht, sagt ja

nicht ‚dom, dom' zu meinem Knüppel, sonst kriegt ihr Prügel." Aber niemand glaubte ihm, und um sich über ihn lustig zu machen, sagten sie das Zauberwort, und gleich fuhr der Knüppel unter sie und prügelte sie ganz fürchterlich, bis sie baten, er solle seinem Knüppel Ruhe gebieten, sie wollten ihm auch sein Pferd und seine Ziege wiedergeben. Als er die beiden wiederhatte, gebot er seinem Knüppel aufzuhören.
Und dann kehrte er mit Pferd, Ziege und Knüppel nach Hause zurück und lebte herrlich und in Freuden mit seiner Alten.

Ein Wunsch ist frei
Unbekannter Verfasser

In einem Dorfe in der Bretagne[1] lebte einst ein herzensguter junger Mensch namens Korentin. Die Natur hatte ihn recht stiefmütterlich behandelt, denn er trug einen großen Buckel durchs Leben. Aber jedermann mochte ihn gern, denn er war immer fröhlich und unbekümmert, und außerdem verstand er es ganz wunderbar, mit seiner Geige zum Tanze aufzuspielen.
Als er einst, das Instrument unter dem Arme, von einer Hochzeit heimkehrte, führte ihn der Weg durch die einsame Heide, wo die Korrigans, die bretonischen Wichtelmänner, wohnen. Es war gerade Mitternacht, da sah er plötzlich eine Menge von diesen kleinen Geistern vor sich stehen. Sie umringten ihn und riefen fröhlich: „Du mußt uns mit deiner Fidel zum Tanze aufspielen. Machst du es gut, so sollst du belohnt werden!"
Korentin tat ihnen gern den Gefallen und spielte die ganze Nacht hindurch, während die Zwerglein in fröhlichem Gewimmel um ihn herumtanzten. Erst als der Morgen graute, hörten sie auf.
„Was willst du als Belohnung?" fragten sie ihn. „Geld oder Schönheit?" „Ich will kein Geld", sagte der Geiger, „aber wenn ihr mich

[1] Landschaft in Nordfrankreich

von meinem Buckel befreien würdet, wäre ich der glücklichste Mensch unter Gottes Sonne."

Ehe Korentin sich's versah, kletterte einer der Korrigans an ihm empor, klopfte ihm auf den Rücken – der Buckel war verschwunden! Überglücklich kehrte Korentin heim.

Vor seinem Haus traf er seinen Nachbarn, den Schuster. „Nanu", rief dieser, „wo hast du denn deinen Buckel gelassen? Ich glaube fast, du hast deine Seele dem Teufel verschrieben!"

„Nein, nein", versetzte Korentin, „hör mir zu!" Und dann erzählte er sein seltsames Abenteuer.

Der Schuster war bekannt wegen seiner Geldgier. „Wie kann man nur so dumm sein, das Geld auszuschlagen", rief er. „Ich werde klüger sein!"

In der nächsten Nacht ging er mit seiner Geige auf die Heide. Wirklich erschienen die Korrigans und baten ihn zu spielen. Er spielte die ganze Nacht hindurch.

„Du kannst wählen", sagten sie dann, „willst du Geld oder Schönheit?" Der Schuster fürchtete, seine Habsucht zu verraten, wenn er den Wunsch zu deutlich ausspräche. Deshalb sagte er bescheiden: „Gebt mir, was mein Nachbar Korentin nicht haben wollte!"

Die Zwerge erfüllten seinen Wunsch aufs Wort. Als der Schuster seinem Dorfe zustrebte, trug er auf dem Rücken – einen Buckel.

Der Königssohn, der seine Frau durch eine Schleuder findet
Unbekannter Verfasser

Es war einmal ein König, der hatte drei Söhne. Diese wollten sich verheiraten und suchten eine Frau. Um keinem von ihnen unrecht zu tun, schlug der König vor, sie sollten einen Stein schleudern, und wo der Stein niederfiele, da sollten sie ihre Frau suchen.
Der älteste warf den Stein als erster. Und sie liefen hinterher, um zu sehen, wo er hingefallen war, und siehe da, er lag auf dem Dach einer Bäckerin. Da schleuderte der zweite seinen Stein, und dieser fiel auf das Haus einer Weberin.
Nun war der dritte an der Reihe, und sein Stein fiel in einen Graben, in dem wohnte ein Froschfräulein.
Die beiden ältesten Brüder überbrachten den beiden Mädchen die Verlobungsringe; doch sie mußten sechs Monate bis zu ihrer Hochzeit warten, weil der Vater seine Schwiegertöchter erst einmal auf die Probe stellen wollte. Er läßt jeder von ihnen ein Pfund Hanf[1] bringen, der Bäckerin, der Weberin und auch dem Froschfräulein im Graben,

[1] Pflanze, aus deren Fasern Seile und Säcke hergestellt werden

und läßt ihnen sagen, wer von ihnen den Hanf am feinsten und schnellsten zu spinnen vermöge, die solle bei ihm im Schloß leben.
Fünf oder sechs Tage darauf läßt sich der König die fertige Leinwand bringen. Die Bäckerin hatte sie sehr ordentlich gesponnen und gewebt; doch die Weberin, die diese Kunst als Beruf ausübte, hatte sie so fein gesponnen, daß sie wie Seide glänzte.
Und die beiden ältesten Söhne waren hocherfreut; nur der dritte stand traurig daneben, denn das Froschfräulein hatte ihm eine Nuß gesandt. Darüber lachten die anderen; doch kaum hatte der König die Nuß aufgeknackt, da kommt ein Tuch zum Vorschein, das ist so zart wie Spinngewebe. Und er zieht und zieht und faltet es immer wieder auseinander, es will kein Ende nehmen. Schließlich ist es so lang, daß es das ganze Haus bedecken könnte. Der König sagt: „Aber das Tuch nimmt ja gar kein Ende!" Und kaum hat er die Worte ausgesprochen, da ist auch das Tuch zu Ende.
Als nächstes übergibt der König jeder der drei Schwiegertöchter ein

Hündchen und sagt: „Wer von euch aus diesem Tier einen schönen, klugen Hund zu ziehen vermag, der soll im Königspalast wohnen."
Bald darauf will der König das Ergebnis sehen. Die Bäckerin, die Brot in Hülle und Fülle besaß, hatte den Hund gemästet wie ein Faß. Das Hündchen der Weberin war ein wenig kleiner geraten; das Froschfräulein jedoch hatte ein Kistchen geschickt.

Der König beschaut sich die Hunde der beiden Bräute und muß feststellen, daß aus ihnen ganz gewöhnliche Fleischerhunde geworden sind. Als er dann aber das Kistchen des Froschfräuleins öffnet, siehe, da springt ein zierliches Hündchen heraus, das ihn freudig umwedelt, allen Anwesenden die Hand küßt und sich nach allen Seiten verneigt wie ein richtiger Mensch.

Da sprach der König: „Die sechs Monate sind verflossen, und die würdigste Braut ist das Froschfräulein."

Der dritte Sohn des Königs war traurig, daß er einen Frosch zur Frau bekam. Und wenn er seine Verlobte besuchte und an der Haustür gefragt wurde: „Wer da?", so antwortete er jedesmal: „Einer, der Euch wenig liebt", sie aber erwiderte: „Liebst du mich jetzt nicht, so wirst du mich später lieben."

Als die Stunde gekommen war, da sie sich zur Trauung in die Kirche begaben, fuhren alle in vierspännigen Kutschen; nur der Frosch kam in einem Wagen, der aus einem großen Feigenblatt bestand und von zwei Katzen und zwei Mäusen gezogen wurde; die waren so gut aufeinander eingespielt, daß sie rascher liefen als Pferde.

Als nun der Königssohn betrübt nebenherging, weil für ihn die Kutsche zu eng war, da verwandelte sie der Frosch, der in Wahrheit eine Fee war, in eine Kutsche aus purem Golde, die Mäuse und Katzen aber in vier feurige Rennpferde und sich selbst in ein Mädchen von so wundersamer Schönheit, daß sie die Sonne selbst zu sein schien.

Überglücklich schloß sie der Prinz als Braut in die Arme. Dann feierten sie Hochzeit und waren glücklich und zufrieden – nur mir war nichts davon beschieden.

Geschichten von Heiligen

Eine Hirtenlegende
Max Bolliger

Es war einmal ein Hirte, der lebte auf einem Felde in der Nähe Bethlehems. Er war groß und stark, aber er hinkte und konnte nur an Krücken gehen. Darum saß er meistens mürrisch am Feuer und sah zu, daß es nicht ausging. Die anderen Hirten fürchteten ihn.
Als den Hirten in der Heiligen Nacht ein Engel erschien und die frohe Botschaft verkündete, da wandte er sich ab. Und als sie sich aufmachten, um das Kind zu finden, so, wie es ihnen der Engel gesagt hatte, blieb er allein am Feuer zurück.
Er schaute ihnen nach, sah, wie das Licht ihrer Lampen kleiner wurde und sich in der Dunkelheit verlor.
„Lauft, lauft! Was wird es schon sein? Ein Spuk, ein Traum!"
Die Schafe rührten sich nicht.
Die Hunde rührten sich nicht.
Er hörte nur die Stille.
Er stocherte mit der Krücke in der Glut.
Er vergaß, frisches Holz aufzulegen.
Und wenn es kein Spuk, kein Traum wäre? Wenn es den Engel gab?
Er raffte sich auf, nahm die Krücken unter die Arme und humpelte davon, den Spuren der anderen nach.
Als er endlich zu dem Stall kam, dämmerte bereits der Morgen.
Der Wind schlug die Tür auf und zu.
Ein Duft von fremden Gewürzen hing in der Luft.
Der Lehmboden war von vielen Füßen zertreten.
Er hatte den Ort gefunden.
Doch wo war nun das Kind, der Heiland der Welt, Christus, der Herr in der Stadt Davids?
Er lachte. Es gab keine Engel.
Schadenfroh wollte er umkehren.

Da entdeckte er die kleine Kuhle, wo das Kind gelegen hatte, sah das Nestchen im Stroh. Und da wußte er nicht, wie ihm geschah.
Er kauerte vor der leeren Krippe nieder. Was machte es aus, daß das Kind ihm nicht zulächelte, daß er den Gesang der Engel nicht hörte und den Glanz Marias nicht bewunderte!
Was machte es aus, daß er nun nicht mit den anderen in Bethlehem durch die Straßen zog und von dem Wunder erzählte!
Was ihm widerfahren war, konnte er nicht mit Worten beschreiben. Staunend ging er davon. Er wollte das Feuer wieder anzünden, bevor die anderen Hirten zurückkamen. Doch als er eine Weile gegangen war, merkte er, daß er seine Krücken bei der Krippe vergessen hatte. Er wollte umkehren. Warum denn? Zögernd ging er weiter, dann mit immer festeren Schritten.

Christophorus
Unbekannter Verfasser

Es lebte einst ein Heide mit Namen Offerus, das heißt zu deutsch „Träger". Er war zwölf Ellen lang, hatte einen starken Leib, mächtige Glieder und ein großes Antlitz. Einst dachte er bei sich: „Ich will wandern und nach dem größten Herrn fragen." Da wies man ihn zu einem König, der war Herr über viel Land und Leute. Zu dem kam er und gelobte ihm, treu zu dienen. Nachdem er etliche Zeit bei ihm war, sang ein Spielmann vor dem König und nannte dabei den Teufel. Da bekreuzigte sich der König, denn er war ein Christ. Offerus wußte nichts von diesem Zeichen, wunderte

sich sehr und fragte ihn, was er damit meine. Da antwortete der König: „So will ich dir die Wahrheit sagen: Wenn man den Teufel vor mir nennt, so segne ich mich mit diesem Zeichen, dann flieht er. Das tu ich, damit er keine Gewalt über mich gewinne." Da sprach Offerus: „Fürchtest du dich vor ihm? Ist seine Kraft so groß, daß sie dir schaden kann? So will ich ihn suchen, bis ich ihn finde. Ich will dem dienen, der gewaltiger ist als du."

Offerus suchte jetzt den Teufel überall. Eines Tages sah er in einer Wildnis eine große Schar Ritter. Unter ihnen gewahrte er einen schwarzen, greulichen Ritter, der sprach zu Offerus: „Wen suchest du?" Der antwortete: „Ich suche den Teufel, denn ich wäre gern sein Knecht." Da rief der Fremde: „Das bin ich." Offerus trat in seinen Dienst.

Einst zogen sie auf einer Straße, da stand ein Kreuz an einem breiten Weg. Der Teufel sah das Kreuz, bog halb nach der Seite ab und wagte nicht, den Weg zu reiten. Das sah Offerus wohl, wunderte sich sehr darüber und sprach zu seinem Herrn: „Sag mir, warum du den krummen Weg reitest." Das hätte ihm der Teufel gern verschwiegen. Offerus aber drängte: „Du sollst mir die Wahrheit sagen." Da sprach der Teufel: „Da stand das Kreuz am Wege, daran Christus gehangen hat. Das Zeichen fürchte ich sehr und muß es allezeit fliehen." Offerus antwortete: „Da du sein Zeichen fliehen mußt, so ist er auch größer als du. Der soll mein Herr sein."

Danach fragte er überall, wo der Jesus Christus wohl wäre. Durch den Willen Gottes kam er zu einem Einsiedel, der hörte, daß er Christus dienen wollte. Er erzählte ihm, was für ein großer, mächtiger König Christus wäre, ein Herr über alle Dinge. Fortan wollte Offerus diesem Christus dienen mit großem Fleiß. Da sprach der Einsiedel: „So sollst du beten, fasten und wachen nach seinem Willen." – „Ich mag weder wachen, fasten noch beten. Weise mich an ein anderes Werk, daß ich ihm damit diene."

Da sprach der Einsiedel: „Dort fließt ein Wasser, darüber ist weder Brücke noch Steg. Willst du die Menschen darübertragen, so gefällst du deinem Herrn in diesem Dienst wohl." Da sagte Offerus: „Das will ich alles wohl gern tun für Christus." Er baute sich selbst eine Hütte nahe bei dem Wasser, nahm einen Stab in die Hand und tat die Arbeit Tag und Nacht.

Eines Nachts war Offerus müde, legte sich nieder und schlief ein. Da rief ein Kind. Rasch stand er auf und suchte, woher die Stimme käme. Er fand aber niemanden, legte sich wieder nieder und schlief. Abermals schrie ein

Kind: „Offerus!" Da lief er wieder hinaus und fand niemanden. Er legte sich wieder nieder, da rief es zum dritten Mal. Endlich fand er das Kind. Er nahm es auf seine Arme, packte seinen Stab und schritt in das Wasser. Und das Wasser wuchs und wuchs, und das kleine Kind ward so schwer, als ob es Blei wäre, und das Wasser ward so groß, daß Offerus fürchtete, er werde ertrinken. Und da er mitten in das Wasser kam, da sprach er: „Eia, Kind, wie gar schwer bist du! Mir ist, als ob ich die ganze Welt auf mir trüge." Da sprach das Kind: „Du trägst nicht allein die Welt, du trägst auch den, der Himmel und Erde erschaffen hat." Und das Kind drückte Offerus unter das Wasser und sprach zu ihm: „Ich bin Jesus Christus, dein König und dein Gott, für den du arbeitest. Ich taufe dich im Namen des Vaters und des Sohnes und des Heiligen Geistes. Vorher hießest du Offerus, nun sollst du Christofferus heißen nach mir. Du sollst deinen Stab in die Erde pflanzen, daran wirst du meine Gewalt erkennen. Denn der Stab wird morgen blühen und Früchte bringen." Damit verschwand es.
Da ward Christofferus froh und pflanzte den dürren Stab in die Erde. Der ward in einer Nacht zu einem Baum, blühte und brachte Früchte. Als Christofferus das Wunder sah, gewann er große Treue und Liebe zu Christus und dankte ihm für die Gnade, die er ihm angetan hatte.

Barbarazweige blühen an Weihnachten
M. und F. Mehling

Barbara soll – so heißt es in der Legende – während der Zeit ihrer Gefangenschaft von den Wassertropfen ihres Trinknapfes ein verdorrtes Kirschbaumzweiglein getränkt haben. Und als sie eines Tages im Bewußtsein des Todesurteils von den Wärtern in ihre Zelle zurückgestoßen worden sei, hätten sich Knospen an dem Zweiglein gebildet und seien aufgeblüht. Durch diesen Anblick habe die Heilige Trost gefunden.
Darauf führt man den Brauch mit den Barbarazweigen zurück:
Wer am 4. Dezember, am Tag der heiligen Barbara, Obstbaumzweige abschneidet und ins Wasser stellt, wird zu Weihnachten blühende Zweige im Zimmer haben.

Reimen macht Spaß

Mäuselist

In der Rumpelkammer versucht die Katze
die Maus zu erwischen in einem Satze.
Die Maus ist grade noch weggehüpft
und in einen Kinderstrumpf geschlüpft.
Und plötzlich schlängelt sich da eine Schlange
und hebt den Kopf – der Katze wird bange.
Sie sträubt das Fell, macht kehrt, reißt aus –
und was kommt aus dem Schlangenschwanz
  'raus?
Na was denn? Die Maus!

Hans Baumann

Die Pinguine

Sehr höflich sind die Pinguine:
man kann sie stets in Fräcken sehn,
wenn sie mit feierlicher Miene
in Schnee und Eis spazierengehn.

Hans Schumacher

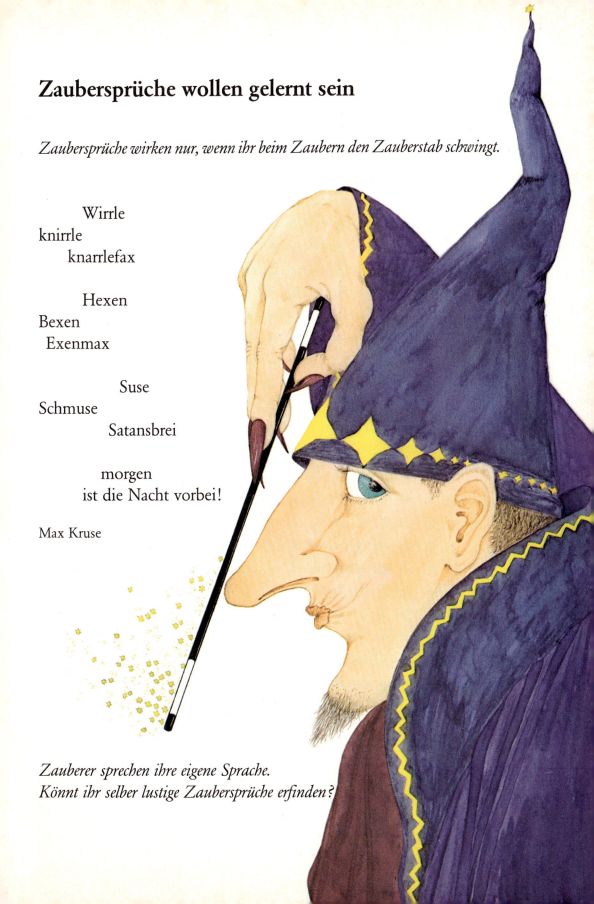

Zaubersprüche wollen gelernt sein

Zaubersprüche wirken nur, wenn ihr beim Zaubern den Zauberstab schwingt.

    Wirrle
knirrle
     knarrlefax

    Hexen
Bexen
 Exenmax

      Suse
Schmuse
     Satansbrei

    morgen
   ist die Nacht vorbei!

Max Kruse

Zauberer sprechen ihre eigene Sprache.
Könnt ihr selber lustige Zaubersprüche erfinden?

Ein Zauberspruch, um eine verlorene Sache wiederzufinden

O mise mause maas,
was ich zuvor besaß.
O malla mirra mooren,
das habe ich verloren.
O maxi, murxi, muchen,
da fing ich an zu suchen.
O melle, mulle, mall,
ich suche überall.
O mackte, mickte, meckt –
ein Kobold hat's versteckt!
O mure, maure, mer.
Ich sprach: „Gib's wieder her!"
O monne, minne, menn,
er fragt: „Was willst du denn?"
O mohme, mahme, miem,
da sagte ich zu ihm:
„O mise, mause, maas,
was ich zuvor besaß.
O mella, mirra, mooren,
das habe ich verloren…"

Michael Ende

Hexen-Einmaleins

Du mußt verstehn!
   Aus Eins mach Zehn,
   und Zwei laß gehn,
   und Drei mach gleich,
   so bist du reich.
Verlier die Vier!
Aus Fünf und Sechs –
so sagt die Hex' –
mach Sieben und Acht
so ist's vollbracht:
   und Neun ist eins
   und Zehn ist keins
Das ist das Hexen-Einmaleins!

Johann Wolfgang von Goethe

Wofür könntet ihr einen Zauberspruch brauchen?

Schon am Klang kannst du hören, wovon diese Gedichte erzählen

Wie müßt ihr die beiden folgenden Gedichte sprechen, damit ihr hört, wie die Schaukel schwingt und das Karussell sich dreht?

Die Schaukel

Wie schön, sich zu wiegen,
die Luft zu durchfliegen
am blühenden Baum!
Bald vorwärts vorüber,
bald rückwärts hinüber,
es ist wie ein Traum.

Die Ohren, die brausen,
die Haare, die sausen
und wehen hintan.
Ich schwebe und steige
bis hoch in die Zweige
des Baumes hinan.

Wie Vögel sich wiegen,
sich schwingen und fliegen
im luftigen Hauch,
bald hin und bald wieder,
hinauf und hernieder,
so fliege ich auch.

Heinrich Seidel

Das Karussell

Das Karussell,
das Karussell,
das dreht sich langsam auf der Stell'
auf einem runden Teller,
erst langsam und dann schneller.

So geht es immer, immer rund
rund rund
und kommt nicht von der Stell'
und und
und kommt und kommt nicht von der Stell',
das Karussell.

Das Karussell,
das Karussell
dreht sich schon ziemlich schnell
auf seinem runden Teller
und wird noch immer schneller.

So geht es immer, immer rund
rund rund
und kommt nicht von der Stell'
und und
und kommt und kommt nicht von der Stell',
das Karussell.

Ein Elefant und eine Kutsche,
ein Hochrad, ein Kamel, ein Schwan,
ein Zeppelin, eine Giraffe,
ein Maultier, eine Straßenbahn.

Ein Ele-Kutsch,
ein Hoch-mel-Schwan,
ein Zeppel-aff,
ein Maul-Stra-bahn...

Das Karussell,
das Karussell,
das Karu- Karu- Karu- Ka-
das Ka- Ka- Kaaa-
das Kaaaaaaaa-
das Karussell.

Jetzt kreischt es,
quietscht es,
knirscht auf dem Gestell,
jetzt steht es wieder auf der Stell',
das Karussell.

Richard Bletschacher

Rausche, rausche, Regen

Rausche, rausche, Regen,
das Gras wächst auf den Wegen,
jede Stunde einen Zoll,
niemand weiß, wie's enden soll.
Der Hof und die Laube vergrasen,
Gebüsch wird aus dem Rasen,
morgen ist es ein Wald,
uralt.

Werner Bergengruen

Das Feuer James Krüss

Hörst du, wie die Flammen flüstern,
knicken, knacken, krachen, knistern,
wie das Feuer rauscht und saust,
brodelt, brutzelt, brennt und braust?

Siehst du, wie die Flammen lecken,
züngeln und die Zunge blecken,
wie das Feuer tanzt und zuckt,
trockne Hölzer schlingt und schluckt?

Riechst du, wie die Flammen rauchen,
brenzlig, brutzlig, brandig schmauchen,
wie das Feuer, rot und schwarz,
duftet, schmeckt nach Pech und Harz?

Fühlst du, wie die Flammen schwärmen,
Glut aushauchen, wohlig wärmen,
wie das Feuer, flackrig-wild,
dich in warme Wellen hüllt?

Hörst du, wie es leiser knackt?
Siehst du, wie es matter flakt?
Riechst du, wie der Rauch verzieht?
Fühlst du, wie die Wärme flieht?

Kleiner wird der Feuersbraus:
Ein letztes Knistern,
ein feines Flüstern,
ein schwaches Züngeln,
ein dünnes Ringeln –
aus.

Kochen und Basteln will gelernt sein

Bunter Eiersalat (4 Personen)
Ottilie Rebl

Stelle bereit:

Die Zwiebel schälen und so halbieren.

Das brauchst du: 4 Eier, 200 g Schinkenwurst, 150 g Schweizer Käse, 4 Gewürzgurken, 1 kleine Zwiebel, 150 g Mayonnaise.

Anschließend die Hälften zuerst längs, dann quer würfelig schneiden.

Alle Zutaten in einer Schüssel vorsichtig mit der Mayonnaise vermischen.

In einem kleinen Topf Wasser zum Kochen bringen, bis es sprudelt. Vorsichtig mit einem Löffel die Eier in das heiße Wasser legen. Die Eier müssen knapp mit Wasser bedeckt sein. 10 Minuten kochen lassen. Nun die Eier mit kaltem Wasser abspülen und schälen. Wurst, Eier und Käse in 1 cm große Würfel schneiden. Die Gurken fein zerkleinern.

Dazu serviert man Toastbrot. Den Salat kannst du auch in ausgehöhlte Tomaten füllen. Dafür mußt du von 4 Tomaten den Deckel abschneiden und mit einem Löffel das Fruchtfleisch und die Kerne entfernen.

Guten Appetit!

Früchtekarneval
Ungenannter Verfasser

Wenn gefeiert wird, sind alle herzlich eingeladen. Hier ein paar Festteilnehmer, über die sich jeder freut, denn sie sehen nicht nur lustig aus, sondern sie dürfen aufgegessen werden. Schnurrhaare, spitze Ohren, blitzende Augen und ein Schwanz verwandeln Apfel, Birne und Orange zum Hasen, Vogel oder Siebenschläfer. Die meisten Einzelheiten der Verkleidung stammen aus der Speisekammer: kandierte Früchte (Orangeat und Zitronat), Keks, kleine Bonbons, Geleefrüchte. Viele der Kleinigkeiten brauchst du nur in die Frucht hineinzupieken, andere halten mit Zahnstocher oder Cocktailstäbchen (beim Essen muß man dann etwas aufpassen!). Im Sportwagen mit Waffelkarosserie und kandierten Scheinwerfern sieht die Birne wie ein Rennfahrer aus. Die Waffeln halten mit Zuckerguß aneinander. Für die Räder ging eine Zitrone drauf. Arme und Staubbrille des Rennfahrers schneidest du aus Orangenschalen.

Ein Gruß des Frühlings

Karin Lehmann

Wer hat heuer schon einen Schmetterling gesehen? Wem das Warten auf diese Frühlingsboten schwerfällt, kann selber ein bißchen nachhelfen. Dann habt ihr immer bunte Schmetterlinge am Fenster.
Für die Schmetterlingsflügel ein Stück Butterbrotpapier in der Mitte falten und einen Schmetterlingsflügel draufmalen.
Das gefaltete Papier wenden, und auf der anderen Seite die durchschimmernden Linien nachfahren.
Nun wird die Schmetterlingsform dick mit Wachsmalkreiden bemalt. Dabei könnt ihr verschiedene Muster ausprobieren: Kreise, Bögen, Streifen.
Jetzt wird gebügelt: Die bemalten Flächen aufeinanderlegen. Das gefaltete Blatt kommt auf eine Zeitung, ein Stück weißes Papier wird über das gemalte Blatt gebreitet. Nun fahrt ihr mit dem heißen Bügeleisen drüber. Aber Vorsicht! Nach dem Bügeln das Butterbrotpapier sofort auseinanderfalten, solang es noch warm ist. Trocknen lassen.
Nun schneidet ihr die Schmetterlingsform aus und klebt einen Schmetterlingsleib aus schwarzem Tonpapier zwischen die Flügel.
Schließlich wird der Schmetterling mit Tesafilm an die Fensterscheibe angeklebt. Er zaubert uns gleich ein wenig Frühling ins Zimmer.

Ein Wasserrad, eine Wassermühle
Ulla Leippe

Ihr sucht euch eine Astgabel (Bild 1), die so lang ist, daß ihr sie bequem ins Wasser halten könnt. Nun nehmt einen langen Nagel, den ihr in die Astgabel einschlagen könnt (Bild 2). Sie zu durchbohren wird schwer sein, aber wenn es euch gelingt, könnt ihr natürlich statt eines Nagels auch eine Stricknadel nehmen. Die Stricknadel oder der Nagel bilden die Achse, auf der sich das Rad – der Korken (Bild 3) mit den Schaufeln – drehen soll. Die Achse selbst sitzt fest und dreht sich nicht.

Den Korken durchlochen wir wieder mit einer glühenden Nadel, und damit ihr euch nicht die Finger verbrennt, steckt das Ende zum Anfassen in einen anderen Korken, dann kann nichts passieren. Prüft, ob sich der Korken leicht auf der Achse dreht (Bild 4)! Nun kommen die Schaufeln an die Reihe. Wenn ihr gar nichts anderes findet, könnt ihr sie aus den Reibflächen von Streichholzschachteln zuschneiden: das Muster gibt euch Bild 5 an. Wer geschickt mit einem Messer umgeht, kann die Schaufeln aus jedem flachen Holzstück zurechtschnitzen.

Für die Befestigung der Schaufeln bringt ihr rings um den Korken 6 Schlitze in gleichmäßigen Abständen an und steckt dann in jeden Schlitz das schmale Ende einer Schaufel. Dann führt ihr die Achse durch den Korken und in die Löcher in der Astgabel (Bild 6) und prüft, ob euer Wasserrad sich flink dreht!

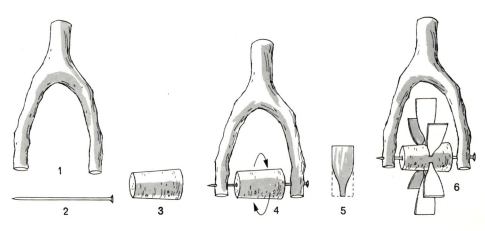

Verhältst du dich richtig im Verkehr?

Für Radfahrer und solche, die es werden wollen
Ungenannter Verfasser

In der Bundesrepublik Deutschland legen jährlich mehr als 500000 Jungen und Mädchen die Radfahrprüfung ab. Sie beweisen damit, daß sie die Regeln des Straßenverkehrs beherrschen. Mache es ihnen nach! Unterziehe dich freiwillig der Radfahrprüfung! Frage deinen Lehrer, er hilft dir weiter! Für alle aber, ob mit oder ohne Prüfung, gilt, daß sie ein verkehrssicheres Fahrrad benutzen.

Dazu gehört folgendes:
1. Zwei voneinander unabhängige Bremsen,
2. eine helltönende Glocke,
3. eine rote Schlußleuchte,
4. ein roter Rückstrahler (Katzenauge),
5. gelbe Rückstrahler an beiden Seiten der Pedale (Tretstrahler),
6. ein nach vorn wirkender Scheinwerfer mit weißem oder schwachgelbem Licht. Er muß am Fahrrad so angebracht sein, daß eine unbeabsichtigte Verstellung nicht eintreten kann. Sein Lichtkegel muß in 10 m Entfernung auf die Fahrbahn treffen.

Wenn eine der Beleuchtungseinrichtungen am Fahrrad versagt, darf es nicht mehr benutzt werden. Man darf es nur noch schieben.

Zehn goldene Regeln für den Radfahrer
Ungenannter Verfasser

Von Jahr zu Jahr nehmen immer mehr Kinder als Radfahrer am Straßenverkehr teil. Besonders stark ist die Zahl der Grundschulkinder gestiegen, die ein Fahrrad benutzen.
Jeder Radfahrer soll sich erst dann mit dem Fahrrad in den Verkehr begeben, wenn er
1. sein Fahrrad sicher beherrscht,
2. sich vergewissert hat, daß sein Fahrrad richtig ausgerüstet ist,
3. die Verkehrszeichen kennt, über die Lichtzeichenanlage Bescheid weiß und die Zeichen eines verkehrsregelnden Polizeibeamten versteht,
4. ordnungsgemäß nach links und rechts abbiegen kann,
5. sich gut merkt, daß er nur den Radweg benützt oder, wenn dieser nicht vorhanden ist, auf der rechten Fahrbahnseite rechts bleibt,
6. immer daran denkt, daß nur links überholt wird und daß man nur dann überholen darf, wenn man gerade selbst nicht überholt wird,
7. sich darüber im klaren ist, daß er als Radfahrer völlig ungeschützt den Gefahren des öffentlichen Straßenverkehrs ausgesetzt ist,
8. an haltenden oder parkenden Fahrzeugen besondere Vorsicht walten läßt,
9. an Zebrastreifen besondere Rücksicht auf die Fußgänger nimmt,
10. an haltenden Straßenbahnen nur dann vorbeifährt, wenn dadurch niemand behindert oder belästigt wird.

Helikopter von Kindern zur Notlandung gebracht

München (dpa/lb). Zwei zehn und elf Jahre alte Buben haben mit einer Drachenschnur einen Hubschrauber des Bundesgrenzschutzes, der sich im Landeanflug auf den Flughafen Oberschleißheim bei München befand, zur Notlandung gezwungen. Wie die Polizei bestätigte, hatten die zwei Kinder in der vergangenen Woche in Garching nördlich von München einen Drachen steigen lassen, dessen Schnur der Hubschrauberpilot zu spät bemerkte. Der Rotor des Helikopters verfing sich in dem Strick, und der Hubschrauber mußte zu Boden gehen.

● Bei der Notlandung entstand an dem Hubschrauber ein Schaden von etwa 10 000 Mark, für den nach Ansicht der Polizei wahrscheinlich die Eltern der beiden Buben haften müssen. Die Kinder hatten ihren Drachen mehr als 150 Meter hoch steigen lassen. Die Luftverkehrsordnung erlaubt nur 100 Meter außerhalb der Flughafen-Einflugschneisen.

Die Römer reisten in Pferde-Bussen

Schon die alten Römer verstanden vor mehr als zweitausend Jahren, unter dem Begriff „feriae" jenen Jahresabschnitt, in dem die Geschäfte, Büros und Behörden für einige Zeit geschlossen wurden.

Als sich das römische Weltreich weit über die Grenzen Italiens ausdehnte, wurde es, entgegengesetzt dem heutigen Feriendrang gen Süden, große Mode, sich nördlich der Alpen und der Pyrenäen zu erholen. Dort war die Sonnenwärme mäßiger, die Luft im allgemeinen frischer und gesünder, außerdem entdeckte man heilkräftige Bäder.

Man reiste übrigens in jener Zeit gar nicht so primitiv: Die weiten Entfernungen wurden in großen, mit Pferden bespannten „Omnibussen" zurückgelegt, wobei es, ähnlich wie bei den Postkutschen des Mittelalters, alle 200 bis 300 Kilometer Ablösestationen für die Pferde gab. Die Omnibusse waren gefedert, enthielten sogar Schlafkabinen und beförderten jeweils 30 bis 50 Personen.

Lorenz Sailer

Hättest du das gewußt?

Wie wird das Wetter?
Seymour Reit

Wer möchte das nicht wissen – vor einem Picknick!

1. Sieh dir am Abend vor dem Ausflug den Mond an. Hat er einen weißen Ring, einen sogenannten Hof, gibt es vielleicht am nächsten Tag Regen.
2. Wenn der Himmel beim Sonnenaufgang rot ist, regnet es meistens.
3. Haufenwolken verkünden trockenes Wetter. Wenn sich die Wolken aber zusammenballen, regnet es wahrscheinlich bald.

Wie das Wasser in unser Haus kommt
H. P. Weiler und H. Schütte

Von selbst fließt Wasser nur bergab. Quellwasser, das am hohen Berghang herausquillt, läßt sich leicht sammeln und in die Häuser unten im Tal leiten, denn es fließt abwärts.

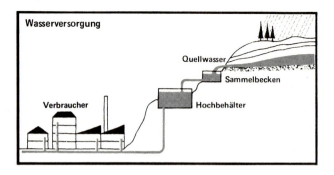

Wie aber gelangt das Grundwasser aus tiefgelegenen Brunnen und Seen in die obersten Stockwerke der Häuser?

Wenn du zu Hause den Wasserhahn öffnest, schießt das Wasser unter großem Druck aus der Leitung. Diesen Druck bekommt es, indem es in große Hochbehälter gepumpt wird. Die Hochbehälter befinden sich meistens in den Wassertürmen hoch über der Stadt. Das Wasser wird also in künstliche kleine „Seen" in den Wassertürmen gepumpt, damit es von dort unter großem Druck in die tiefer gelegenen Häuser und Fabriken fließen kann.

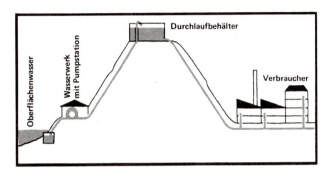

Da Wasser von selbst nur bergab fließt, müssen die Hochbehälter höher liegen als der höchste Wasseranschluß der Stadt. In Leitungen eingesperrt, kann Wasser allerdings auch bergauf fließen. Der Wasserdruck des hochgelegenen Wasserturms ist so groß, daß er das Wasser aus den unterirdischen Leitungen in die obersten Stockwerke drückt. In manchen Städten gibt es keine Wassertürme. Dort wird das Wasser von Druckpumpen in den Wasserwerken direkt in die Leitungen gepreßt.

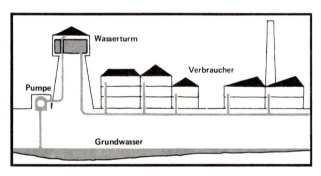

Die Wasserwerke sorgen dafür, daß genügend Wasser für eine Stadt oder ein Gebiet gefördert wird. Hierzu werden Brunnen, Pumpstationen, Sammelbehälter und ein weitverzweigtes Netz von Wasserleitungen gebaut. Das kostet viel Geld. Jede Familie muß daher für jeden Kubikmeter Wasser an die Gemeinde Wassergeld zahlen.

Wie entsteht Schatten?

Tillie S. Pine und Joseph Levine

Wir können es leicht herausfinden. Wir leuchten mit der Taschenlampe an die Wand und sehen den runden Leuchtfleck. Nun halten wir einen Bleistift in den Lichtstrahl. Wir sehen sofort, daß ein Teil des Lichtflecks an der Wand fehlt.

Woher kommt das? Ein Teil des Lichtes von der Taschenlampe trifft den Bleistift. Der Bleistift ist undurchsichtig, das Licht kann deshalb nicht durchscheinen. Der Schatten des Stiftes an der Wand ist genau die Stelle, wo das Licht nicht hinscheinen kann. Daraus lernen wir: Alle Schatten entstehen dadurch, daß das Licht nicht durch undurchsichtige Gegenstände strahlen kann, und die Schatten sind folglich die Stellen, auf die kein Licht scheint.
Man kann lustige Dinge mit Schatten machen. Halte einmal zwei Finger in den Lichtstrahl der Taschenlampe. Siehst du die Schatten der Finger? Halte die fünf Finger der Hand hoch und bewege sie. Mache verschiedene Schattenfiguren mit deinen Fingern. Mache die Flügel eines Vogels, den Kopf eines Pferdes, eine quakende Ente. Schattenspiele, die du mit deinen Freunden spielst, machen viel Spaß!

Bambi kommt im Mai zur Welt

Klaus Hasenclever

Ein Rehkitz ist in den ersten acht Tagen seines Lebens ein hilfloses Wesen. Seine Mutter muß es jetzt vor allem nachts bewachen, denn nun sind Fuchs und Marder und Wiesel unterwegs. Gegen diese immer hungrigen Räuber kann sich ein eben geborenes Rehkitz noch nicht wehren. So muß die Ricke jetzt ihre eigentliche Lebensweise ändern. Rehe äsen nämlich vorwiegend nachts und in der ersten grauen Morgendämmerung. Tagsüber halten sie sich im Wald verborgen, wo er möglichst dicht ist. Doch eine Rehmutter, die ihr Junges nachts nicht allein lassen darf, muß also am hellen Tag ihr Futter suchen. So kommt es, daß wir manchmal ein Rehkitz irgendwo im hohen Gras einer Wiese oder in einem dichten Waldstück finden können. Mancher meint dann, das Rehkitz sei von seiner Mutter verlassen. Doch die ist meist gar nicht weit entfernt auf Futtersuche. Deshalb darf man ein Rehkitz nicht berühren, sondern man soll sich schnell wieder entfernen: Rehe sind sehr scheue Tiere. Unsere Hilfe jedenfalls braucht solch ein Rehkitz nicht.
Schon nach acht Tagen zieht das Rehkitz hinter seiner Mutter her. Jetzt ist es jeden Tag und vor allem in der Dunkelheit mit ihr unterwegs. Zartes Gras und allerlei junge Triebe schmecken ihm am besten, auch saftige Kräuter und die frischen grünen Blätter.
Alle Rehkitze kommen mit dem lustig aussehenden getüpfelten Fell zur Welt. Doch schon zum Herbst hin bekommen sie das braune und am Bauch gelbbraune Fell aller Rehe.

Raumfahrt

Rakete

Raketen sind Fluggeräte. Sie benötigen zum Fliegen keine Luft und können sich daher auch im luftleeren *Weltraum* vorwärts bewegen. Das ist durch den *Rückstoß* möglich. Dabei werden in den *Düsentriebwerken* Gase erzeugt und durch die engen Düsen ausgestoßen. Mit einer über hundert Meter hohen Mondrakete sind die amerikanischen *Astronauten* zum Mond gestartet. Den größten Teil einer solchen Rakete nehmen die Treibstoffbehälter und Triebwerke ein. Der kleinste Teil der Rakete ist die Raumkapsel für die Astronauten. Nur dieser Teil kehrt zur Erde zurück. Alle übrigen Teile werden während einer *Weltraumfahrt* abgestoßen. Sie verglühen in der Lufthülle der Erde. Kleinere Raketen befördern Feuerwerkskörper in die Luft, andere werden als Kriegswaffen eingesetzt.

Hans Peter Thiel und
Berthold Casper

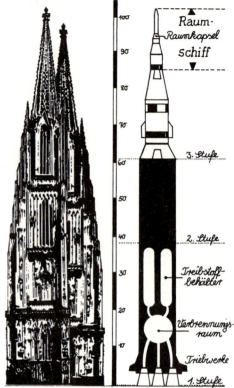

Die Rakete. Eine einfache Rakete besteht aus einer runden Hülse, die nur eine Öffnung hat. In der Hülse ist Sprengstoff. Der Sprengstoff wird mit einer Lunte, einem Zündfaden, entzündet. Bei der Verbrennung entstehen Gase, die durch die Hülsenöffnung ausströmen.
Ihr Rückstoß treibt die Rakete vorwärts. Leuchtraketen werden bei einem Feuerwerk oder als Signal verwendet. Große Raketen sollen einmal in den Weltraum vordringen.

Ungenannter Verfasser

Vergleicht die beiden Lexikonausschnitte miteinander.
Was erfahrt ihr über die Rakete?
Woran erkennt ihr, welcher Text aus dem alten Lexikon stammt?

Der Mondflug

Hans Manz

Damals, als die drei Astronauten
in ihrer Raketenkapsel flogen,
verwundert aus der Luke schauten
und in die Flugbahn des Mondes bogen...

damals, als sie viel weiter reisten
als alle andern Menschen vorher,
als sie höher, viel höher kreisten
als je irgendmal, irgendwann, irgendwer...

damals, als sie im Sonnenlicht
den Hinterkopf des Mondes sahen,
aber die vielen Dinge nicht,
die auf der verschwundenen Erde geschahen...

damals, als sie nach vielen Gefahren
einmal eine Pause machten,
weil sie vom Fliegen müde waren –
weißt du, was die Männer dachten?

Der erste dachte draußen im All:
„Wenn ich zurück bin, ich kann's kaum erwarten,
spiel ich mit meinen Kindern Ball."

Der zweite sagte droben im Weltraum:
„Wenn ich daheim bin, pflanz ich im Garten
für meinen Sohn einen Apfelbaum."

Der dritte sprach in unendlicher Ferne:
„Ich sag meiner Tochter, der lieben, der zarten,
du bist viel schöner als Sonne und Sterne."

Auf dem Mond
H. J. Highland

Die Landung auf dem Mond ist gelungen. Auf der Erde jubeln Millionen Menschen. Seit dem Start sind 102 Stunden und 51 Minuten vergangen.

Nach einigen Ruhestunden bekommen die beiden Astronauten auf ihre Bitte hin die Erlaubnis der Kontrollstation, früher als vorgesehen auszusteigen. Die Luke wird geöffnet, nachdem der Druck im Innern abgelassen wurde. Eine Fernsehkamera wird eingeschaltet und sendet die folgenden Szenen zur Erde. Millionen von Zuschauern sehen erst Armstrong und dann Aldrin die Leiter hinabsteigen. Zwei Menschen gehen, zuerst vorsichtig und unsicher, bald aber vergnüglich hüpfend, auf dem Mond umher. Sie machen drollige Känguruhsprünge und wiegen sich in den Knien. Dann gehen sie an die Arbeit.

Armstrong hat die Fernsehkamera auf den Mond gestellt, so daß die Erdbewohner alles miterleben. Armstrong sammelt nun Mondgestein und gräbt mit einer keimfreien Schaufel in den Boden. Sie pflanzen eine Standarte[1] der USA auf. Nach zwei Stunden eifrigen Tuns begeben sich die beiden Männer wieder in ihre Fähre – und dann steigt die Oberstufe der Mondlandefähre wieder in den schwarzen Himmel. Sie steigen glücklich in das Mutterschiff, und drei Tage später, am 24. Juli 1969, landen sie heil im Pazifik.

[1] Fahne

Kinderbücher

Städtische Bibliotheken München

Wie meldest Du Dich bei uns an?
Du holst Dir in der Bücherei eine Anmeldekarte,
die Du von Vater oder Mutter
unterschreiben läßt.
Außer dieser Karte brauchst
Du für die Anmeldung
den Personalausweis
oder den Reisepaß
von Vater oder Mutter.
Du bekommst dann einen
Leseausweis, mit dem Du
kostenlos Bücher entleihen
kannst. Bring ihn bitte
immer mit!

Was findest Du bei uns?
Liest Du gern spannende, lustige
oder abenteuerliche Geschichten?
Oder lieber Märchen und Sagen, Tier-
geschichten oder Bücher über ferne
Länder und vergangene Zeiten?
Vielleicht hast Du Spaß an Technik
und Naturwissenschaften. Oder willst Du
zaubern, willst Du spielen, brauchst Du Rat
beim Briefmarkensammeln oder Basteln?
Das alles haben wir und noch viel mehr.

Was ist sonst noch wichtig?
Du kannst die Bücher selbst aussuchen und vier Wochen
behalten, wenn Du sie nicht schon früher umtauschen willst.
Wenn Du die Bücher länger als vier Wochen behalten willst,
bitte benachrichtige die Bücherei rechtzeitig, sonst mußt
Du leider eine Versäumnisgebühr zahlen. Behandle die
Bücher gut, andere wollen auch noch Freude daran haben.
Hast Du Fragen und Wünsche, dann werden Dir die
Bibliothekare gern helfen.

Jim Knopf und Lukas, der Lokomotivführer
Michael Ende

Lukas, der Lokomotivführer, lebte mit seiner Lokomotive Emma in Lummerland, einer kleinen Insel. Lummerland bestand zum größten Teil aus einem Berg mit zwei Gipfeln, einigen Wegen um den Berg herum und einem kurvenreichen Eisenbahngleis. Außerdem gab es vier Häuser in Lummerland. Lummerland wurde von einem König regiert. Er hieß Alfons der Viertel-vor-Zwölfte, weil er um Viertel vor zwölf geboren worden war. An Feiertagen trat er um Viertel vor zwölf ans Fenster und winkte seinen beiden Untertanen. Der eine Untertan hieß Herr Ärmel, der andere Untertan war eine Frau, sie hieß Frau Waas. Es war ein friedliches Leben auf Lummerland, bis eines Tages – ja, und damit beginnt nun unsere eigentliche Geschichte.

Eines schönen Tages legte das Postschiff am Strand von Lummerland an, und der Briefträger sprang mit einem großen Paket unter dem Arm an Land.
„Wohnt hier eine gewisse Frau Malzaan oder so ähnlich?" fragte er und machte ein ganz dienstliches Gesicht, was er sonst nie tat, wenn er die Post brachte.
Lukas schaute Emma an, Emma schaute die beiden Untertanen an, die beiden Untertanen schauten einander an, und sogar der König schaute zum Fenster heraus, obwohl es weder ein Feiertag noch Viertel vor zwölf war.
„Lieber Herr Briefträger", sagte der König ein wenig vorwurfsvoll, „seit Jahren bringen Sie uns nun die Post. Sie kennen mich und meine Untertanen genau, und da fragen Sie plötzlich, ob hier eine Frau Malzaan oder so ähnlich wohnt!"
„Aber bitte, Majestät", antwortete der Briefträger, „lesen Sie doch selbst, Majestät!"
Und er stieg schnell den Berg hinauf und reichte dem König das Paket durchs Fenster hinein.
Folgende Adresse stand auf dem Paket:

Der König las die Adresse, dann zog er seine Brille hervor und las die Adresse zum zweitenmal. Da sich aber dadurch nichts änderte, schüttelte er ratlos den Kopf und sprach zu seinen Untertanen:
„Fürwahr, es ist mir einfach unerklärlich, aber hier steht es schwarz auf weiß."
„Was denn?" fragte Lukas.
Der König, der ganz verwirrt war, setzte von neuem seine Brille auf und sagte:
„Also hört, meine Untertanen, wie die Adresse lautet!"
Und er las sie vor, so gut es eben ging.
„Eine kuriose Adresse!" meinte Herr Ärmel, als der König fertig gelesen hatte.
„Ja", rief der Briefträger entrüstet, „man kann sie kaum entziffern, so viele Fehler sind darin. So etwas ist äußerst unangenehm für uns Postboten. Wenn man bloß wüßte, wer das geschrieben hat!"
Der König drehte das Paket um und suchte nach dem Absender.
„Hier steht nur eine große 13", sagte er und blickte ratlos den Briefträger und seine Untertanen an.
„Sehr sonderbar!" ließ sich wieder Herr Ärmel vernehmen.
„Nun denn", sagte der König entschlossen, „sonderbar oder nicht, XUmmrLanT kann doch nur Lummerland heißen! Es bleibt uns also nichts anderes übrig, jemand von uns muß Frau Malzaan oder so ähnlich sein."
Und befriedigt nahm er seine Brille wieder ab und tupfte sich mit seinem seidenen Taschentuch die Schweißperlen von der Stirn.
„Ja, aber", rief Frau Waas, „es gibt doch auf unserer ganzen Insel keine dritte Etage."

„Das ist allerdings richtig", sagte der König.
„Und eine alte Straße haben wir auch nicht", meinte Herr Ärmel.
„Auch das ist leider richtig", seufzte der König bekümmert.
„Und eine Nummer 133 haben wir schon gar nicht", fügte Lukas hinzu und schob seine Schirmmütze ins Genick. „Ich müßte das doch wissen, denn schließlich komme ich ja ziemlich viel auf der Insel herum."
„Eigenartig!" murmelte der König und schüttelte versonnen den Kopf. Und alle Untertanen schüttelten die Köpfe und murmelten: „Eigenartig!"
„Es könnte ja auch einfach ein Irrtum sein", meinte Lukas nach einer Weile. Aber der König antwortete:
„Vielleicht ist es ein Irrtum, vielleicht ist es aber auch kein Irrtum. Wenn es kein Irrtum ist, dann habe ich ja noch einen Untertan! Einen Untertan, von dem ich gar nichts weiß! Das ist sehr, sehr aufregend!"
Und er lief an sein Telefon und telefonierte vor Aufregung drei Stunden lang ohne Unterbrechung.
Inzwischen beschlossen die Untertanen und der Briefträger, die ganze Insel mit Lukas zusammen noch einmal gründlich abzusuchen. Sie stiegen auf die Lokomotive Emma und fuhren los, und bei jeder Haltestelle pfiff Emma laut, die Passagiere stiegen ab und riefen nach allen Richtungen:
„Frau Maaaaaalzaaaaan! Hier ist ein Pakeeeeet für Sie!"
Aber niemand meldete sich.
„Na gut", sagte der Briefträger endlich, „ich habe jetzt keine Zeit mehr weiterzusuchen, weil ich noch mehr austragen muß. Ich lasse Ihnen das Paket einfach mal da. Vielleicht finden Sie Frau Malzaan oder so ähnlich doch noch. Ich komme dann nächste Woche wieder vorbei, und wenn sich niemand gemeldet hat, dann nehme ich das Paket wieder mit."
Damit sprang er auf sein Postschiff und fuhr davon.
Was sollte nun mit dem Paket geschehen?

Pablito
Käthe Recheis

Pablito ist ein kleiner Waisenjunge, der mit seiner Großmutter mitten in einem Urwald Südamerikas lebt. Als die Großmutter stirbt, bricht Pablito auf, um in dem fernen Dorf Tupica nach seinen letzten Verwandten zu suchen. Nur das Hündchen Quito und die eigensinnige Ziege Uyuni begleiten ihn auf seinem gefahrvollen Weg quer durch den Urwald.

In der Hütte, bei Großmutter Yacuma, hatte Pablo niemals Angst vor dem Jaguar gehabt. Die Stimmen der nächtlichen Jäger aus dem Urwald hatten seinen Schlaf nicht gestört. Aber jetzt, unter dem großen alten Baum, in dessen Zweigen er das Huschen der Lemuren[1] hören konnte, ohne sie zu sehen, fürchtete er sich. Der Jaguar verließ nun sein Versteck, und die Wildkatzen jagten im Urwald.
Pablo schmiegte sich eng an Quito. Er legte seinen Kopf auf Quitos Fell, um den Freund nahe zu spüren. Er wünschte sogar, die Ziege Uyuni möchte bei ihm sein, denn er fühlte sich so allein.
Er schlief ein und träumte von einem riesigen schwarzgefleckten Jaguar, der auf dem Ast eines Baumes saß und ihn mit seinen gelben Augen ansah. Pablo erschrak so sehr, daß er davon erwachte. Quito

[1] Lemuren sind Halbaffen

hatte sich aufgerichtet, seine Haare waren gesträubt, und ein tiefes leises Knurren kam aus seiner Kehle. Dicht neben ihnen stand Uyuni und zitterte. Da wußte Pablo, es war kein Traum gewesen!

Sein Herz klopfte laut. Aber nichts geschah. Der Jaguar war wieder fortgeschlichen.

Die Ziege Uyuni blieb bis zum Morgengrauen bei Pablo und Quito. Als die Sonne mit ihrem Licht die Angst der Nacht verjagte, erinnerte Uyuni sich an ihren Eigensinn, sie sprang ein paar Schritte seitwärts, rupfte Gräser und wollte sich zuerst nicht melken lassen. Doch dann hielt sie still, und sie tranken von ihrer Milch.

Pablo ging mit Quito voran, und er blickte sich nicht einmal um, so sicher war er, daß Uyuni ihm folgte. Geheimnisvoll sickerte das Licht des Morgens durch das Blätterdach des Urwalds. Affen begleiteten die drei Wanderer. Pablo sah ihnen bei ihren fröhlichen Spielen zu und vergaß seinen Kummer.

Es war Mittag, als sie zum großen Fluß kamen. Pablos Augen hatten sich an die kühle Dämmerung im Urwald gewöhnt und schmerzten, als er in den grellen Sonnenschein hinaustrat. Der Fluß war breit und tief. Verschlungene Wurzeln alter toter Bäume hingen in das dunkelgrüne Wasser. Prächtige Vögel flogen darüber, weiße Reiher und Flamingos mit rosa Flügeln.

Sie gingen zum Ufer. Pablo konnte nicht schwimmen. Das grüne Wasser würde ihn mit sich reißen, wenn er es wagte hineinzuwaten. Dieser mächtige Fluß lag erbarmungslos zwischen ihnen und dem Dorf Tupica! Quito leckte Pablos Hände. Uyuni sprang zwischen den Stämmen umher und blickte Pablo spöttisch an.

„Warte nur", sagte Pablo, „Quito und ich, wir werden einen Weg über den Fluß finden!"

Er faßte Quito am Halsband, und sie zogen weiter. Aber der Fluß veränderte sich nicht. Breit und tief und feindlich strömte er dahin. Schwärme von Wasservögeln erhoben sich vor ihnen von seinen Wellen und ließen sich, sobald sie vorüber waren, wieder flügelschlagend und schnatternd nieder.

Die Strahlen der Sonne tanzten auf dem Wasser. Die feuchte, heiße Luft machte das Atmen mühsam. Pablo und Quito wurden sehr müde. Endlich kamen sie zu einer Stelle, wo der Fluß sich so weit ausdehnte, daß die Palmen am jenseitigen Ufer nur wie große Farngewächse aussahen. Hier, dachte Pablo, können Quito und ich und Uyuni durch das Wasser waten. Er warf einen überlegenen Blick auf die Ziege.
„Siehst du", sagte er, „wir kommen über den Fluß."
Die Ziege meckerte.
Pablo schlüpfte aus seinen Sandalen. Im flachen Uferwasser aber lag ein schuppiger, riesiger brauner Körper, der sich träge vorwärtsschob und die Kinnladen mit den gewaltigen Zähnen öffnete. Quito zog den Schwanz ein. Er faßte Pablos Hose mit den Zähnen, um seinen Herrn fortzuziehen. Aber Pablo hatte es schon selbst gesehen. Der Fluß war voll von diesen riesigen schuppigen Leibern.
Es war die Furt der Krokodile!
Pablo und Quito flohen in den schützenden Urwald.
Sogar die Ziege Uyuni schien von der Gefahr beeindruckt zu sein. Sie kam näher und fraß ihr Stück von dem Maisbrot, das Pablo mit zitternden Händen austeilte.
Pablo setzte sich auf den Boden nieder. Quito legte sich zu ihm, und Uyuni blickte ihn an. Nachdem Pablo gegessen hatte, kehrte sein Mut zurück.
„Großmutter Yacuma", erzählte er Quito und Uyuni, „will, daß wir in das Dorf Tupica gehen. Großmutter Yacuma ist im glücklichen Land. Sie wird uns auf dieser Reise beschützen."
Und Pablo, Quito und Uyuni wanderten weiter. Pablo dachte die ganze Zeit angestrengt nach, was er tun könnte, um sich und die Tiere über den Fluß zu bringen.

Pablito muß viele Abenteuer bestehen, bis er nach Tupica kommt und ein neues Zuhause findet. Dieses ist jedoch anders, als er es erwartet hat.
Übrigens gibt es Pablito wirklich. Käthe Recheis hat in diesem Buch eine wahre Begebenheit erzählt.

Das Gute an Büchern ist…

Hier kannst du zeigen, wie gut du lesen kannst

Robben-Spiele

Auf den hohen Felsenklippen
wohnen sieben Robbensippen,
die sich in die Rippen stippen,
bis sie von den Klippen kippen.

Hans Georg Lenzen

Es schrieb ein Mann an eine Wand:

ZEHN FINGER HAB ICH AN JEDER HAND
FÜNFUNDZWANZIG AN HÄNDEN UND FÜSSEN

Ungenannter Verfasser

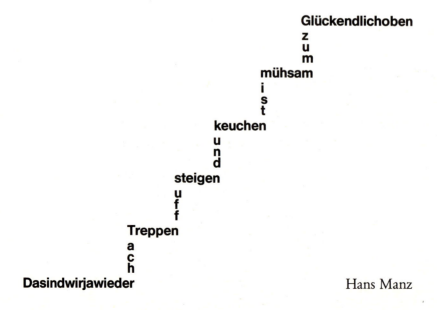

Hans Manz

Heute um sechs steht ein Zeiger
ganz oben
und ein Zeiger ganz unten
auf der Uhr

```
H  e     u  o
e  i     n  b
u  n     d  e
t  Z     e  n
e  e     i
   i     n  a
u  g        u
m  e     Z  f
   r     e
s        i  d
e  g     g  e
c  a     e  r
h  n     r
s  z        U
         g  h
s  u     a  r
t  n     n
e  t     z
h  e
t  n
```

HEUTEUMSECHSSTEHTEINZEIGER
GANZOBENUNDEINZEIGERGANZUN-
TENAUFDERUHRHEUTEUMSECHS

HeUtE Um SeChS sTeHt EiN zEiGeR
gAnZ oBeN
uNd EiN zEiGeR gAnZ uNtEn
AuF dEr UhR

     nebeis mu etueH
     regieZ nie thets
     rhU reresnu fua
     red dnu nebo znag
     ?red thets ow ,eredna

Richard Meier

Kannst du das lesen?
John Bear

SELTSAMDASSLEUTETAUSENDEVONJAHRENINSOVIELENSPRACHENGESC

HRIEBENHABENBISEINKLUGERKOPFDENZWISCHENRAUMZWISCHENDEN

WORTENERFAND!

Seltsame Strophen

WasHänsche
nnichtler
ntlerntHan
snimm
ermehr

Unbekannter Verfasser

Eswa Reinma Leinklein Eskind,
Beimler Nennicht Vielwert.
Esschrieb Diewor Tesehrg Eschwind,
Dochmeis Tenssehr Verkehrt.
Undwie Esschrieb, Daskönn Tihrhier
Indie Senzei Lenle Sen.
Bestimmts Agtihr, Daßdie Seskind
Nichtsu Perklug Gewe Sen.

Bruno Horst Bull

Spatzensalat

Auf dem Kirschbaum Schmiroschmatzki
saß ein Spatz mit seinem Schatzki,
spuckt die Kerne klipokleini
auf die Wäsche an der Leini.
Schrie die Bäuerin Bulowatzki:
„Fort, ihr Tiroteufelsbratzki!"
Schrie der Bauer Wirowenski:
„Wo sind meine Kirschokenski?
Fladarupfki! Halsumdratski!
Hol der Henker alle Spatzki!"

Friedrich Hoffmann

Rätselgedicht

1 Dorn im C verurs8 W,
die Vlheit ist 1 Laster.
Im WintR trinkt man gRne T,
im HRbsT blüht die AstR.

Die Q gibt Milch. Die Lstern gehn
gar gRn auf Dieberei.
Wer leise geht, geht auf den 10,
1 Glas kr8 leicht ent2.

Bläst man auf dR TromPT Baß,
so wackeln alle Wände.
Zum Rnst wird oft 1 kleinR Spaß
und alles hat 1 ND.

Fritz Schmidt

Auf dem Faschingsball

Ich will was erzählen, hört einmal zu:
Das A, das E und auch I, O und U,
die wollten einmal auf den Faschingsball gehn.
Wie sie sich das dachten? Ihr werdet's gleich sehn.

Ha! lachte das A – ich weiß schon, wie:
ich mache mich dünn, und dann geh' ich als I.
Haha, hihi!

Es tat einen Satz, und schon war es vom Sitz.
Es traf einen Spatz, und der wurde zum Spitz.
Es traf einen Star, und der wurde zum Stier.
Es lief in die Bar, und die Bar wurde Bier.
Und als es voll Bier war, das ist ja zum Lachen,
da machte das A die verrücktesten Sachen:
die Tante zur Tinte, die Fabel zur Fibel,
die Wachtel zum Wichtel, die Gabel zum Giebel,
die Schlange zur Schlinge, das Gras zum Grieß,
den Hammel zum Himmel, den Spaß zum Spieß.
So hat es das A, das als I ging, gemacht,
auf dem Fischingsbill, auf dem Fischingsbill,
auf dem Fischingsbill – heute nacht!

He! meckert das E – jetzt gib endlich Ruh'!
Denn jetzt komme ich dran; ich gehe als U.
Hehe, huhu!

Hi! piepst da das I – nun renn doch nicht so!
Ich rolle mich rund und geh' mit – als ein O!
Hihi, hoho!
So? grollt da das O. Wenn ich so was schon seh'!
Du gehst für mich? Dann geh' ich für das E!
Hoho, hehe!

Und damit springen sie fort auf den Ball –
und wohin sie auch springen, kommt alles zu Fall.

Der Wirt wird zum Wort, und das Wort wird zum Wert.
Der Hirt wird zum Hort, und der Hort wird zum Herd.
Das Tier wird zum Tor, und das Tor wird zum Teer.
Der Mist wird zum Most, und das Moor wird zum Meer.

Der Berg wird zur Burg, und der Held wird zur Huld.
Die Ehe zum Uhu – wer ist da bloß schuld?
Der Blick wird zum Block, und die Post wird zur Pest –
verschweigen wir lieber den Rost und den Rest!

Hu! gähnt nun das U – ist denn niemand mehr da?
Was bleibt mir schon übrig? Ich geh' halt als A.
Huhu, haha!

Es pfeift seinem Hund, und der Hund wird zur Hand.
Und nun geht es noch einmal rund bis zum Rand.
Die Pute wird Pate, der Stuhl wird zum Stahl,
die Bluse zur Blase, der Pfuhl wird zum Pfahl,
der Hummer zum Hammer, der Kummer zur Kammer,
die Lumpen zu Lampen, die Pumpen zu Pampen,
die Kuppen zu Kappen, die Puppen zu Pappen,
das Huhn wird zum Hahn, und der Fuß wird zum Faß –
doch wir machen lieber jetzt endgültig –
    SCHLASS!

Rudolf Neumann

Es gibt noch viele Wörter, die es leicht haben, sich für den Fasching zu verkleiden, zum Beispiel: Pilz – Pelz, Motte – Matte, Buch – Bach.

Lösungen der Rätsel auf S. 102:
– Er erreicht die Strickleiter nie, weil mit der Flut auch das Schiff steigt. – Bach – Tochter.

Lösungen der Rätsel auf S. 103:
– Der Buchstabe „M/m" – Der Buchstabe „r" – Mit dem Buchstaben „j" – Buch.

Verfasser- und Quellenverzeichnis

Baumann, Hans
  Mäuselist **116**
  Aus: Kopfkissenbuch für Kinder. Annette Betz Verlag. München 1972, S. 30
Baumeister, Ossi
  Ich im Spiegel **59**
  Aus: So einfach ist Theater, vom Spaß haben und Spaß machen vor und hinter den Kulissen. Hrsg. von Eberhard Spangenberg. Ellermann Verlag. München 1979, S. 54–55
Baumeister, Ossi und Hildegard Schepers
  Wer ißt was? **58**
  Aus: So einfach ist Theater. s.o., S. 16
Bear, John
  Kannst du das lesen? **148**
  Aus: Kommunikation. Deutsche Bearbeitung von Volkward Strauß. Falken Verlag. Wiesbaden 1974, S. 11
Bergengruen, Werner
  Rausche, rausche, Regen **121**
  Aus: Im Regen und Sonnenschein. In: Figur und Schatten – Gedichte. Nymphenburger Verlagshandlung. München 1958, S. 176
Birkel, Alfred
  Kasper in der Schule **62**
  Mit freundlicher Genehmigung des Verfassers
  Die geheime Botschaft **43**
  Aus: schwarz auf weiß. Primarstufe – Texte 2. Schroedel Verlag. Hannover 1974, S. 22
  Ein „schlauer" Bursche **102**
  Aus: schwarz auf weiß. Primarstufe – Texte 3. Schroedel Verlag. Hannover 1975, S. 88
  Ein Schreib-Lesespiel **57**
  Mit freundlicher Genehmigung des Verfassers
  Unsere Faschingszeitung **99**
  Mit freundlicher Genehmigung des Verfassers
  Von den Masken zur Faschingszeit **91**
  Mit freundlicher Genehmigung des Verfassers
  Wer kann helfen? **100**
  Aus: schwarz auf weiß. Primarstufe – Texte 3. s.o., S. 94. Illustration von Ursula Kirchberg. Aus: schwarz auf weiß. Primarstufe – Texte 3. s.o., S. 94–95
  Wir machen unsere Faschingsmasken selber **96**
  Mit freundlicher Genehmigung des Verfassers
Bletschacher, Richard
  Das Karussell **120**
  Aus: Geh und spiel mit dem Riesen. Erstes Jahrbuch der Kinderliteratur. Hrsg. von Hans Joachim Gelberg. Beltz Verlag. Weinheim 1971, S. 291
Bodden, Ilona
  Der Ofen geht aus **45**
  Aus: Die Katze mit der Brille. Hrsg. von Jella Lepmann. Ullstein Verlag. Frankfurt/Main o.J.
  Echarps Edmerf **42**
  Aus: Die Wundertüre. Geschichten und Gedichte für Kinder, die gern lesen und lachen. Herder Verlag. Freiburg 1976, S. 148

Bolliger, Max
  Eine Hirtenlegende **111**
  Aus: Geh und spiel mit dem Riesen. s.o., S. 62
  Worüber wir staunen **3**
  Aus: Keine Zeit für Langeweile. Trostbuch für Kinder. Hrsg. von Ilse Kleberger. Schaffstein Verlag. Dortmund 1975, S. 59
Brecht, Bertolt
  Die Vögel warten im Winter vor dem Fenster **74**
  Aus: Gesammelte Werke (Gedichte 3), werkausgabe edition suhrkamp. Suhrkamp Verlag. Frankfurt/Main 1967, S. 971
Britting, Georg
  Goldene Welt **90**
  Aus dem Nachlaß. Mit freundlicher Genehmigung
Brunkow, Gesa
  Wer hat Zugvögel **89**
  Aus: Wo alle auf die Sonne warten. Schroedel Verlag / Edition Neugebauer. Basel 1979, o.S.
Bull, Bruno Horst
  Seltsame Strophen **148**
  Aus: Seifenblasen zu verkaufen. Hrsg. von James Krüss. Bertelsmann Jugendbuchverlag. Gütersloh 1972
  Wenn Karneval im Dorfe ist **92**
  Aus: Kunterbuntes Glückwunschbuch. Herder Verlag. Freiburg 1976, S. 19
Döhl, Reinhard
  Apfel **37**
  Aus: Konkrete Poesie. Ausstellungs-Katalog. Hrsg. vom Württembergischen Kunstverein. Stuttgart 1971
Ende, Michael
  Ein Zauberspruch, um eine verlorene Sache wiederzufinden **118**
  Aus: Das Schnurpsenbuch. K. Thienemanns Verlag. Stuttgart 1969, Nr. 7
  Jim Knopf und Lukas, der Lokomotivführer **138**
  (Zweites Kapitel – gekürzt)
  Aus: Jim Knopf und Lukas, der Lokomotivführer. K. Thienemanns Verlag. Stuttgart 1961, S. 11–17
  Schnurpsenzoologie **39**
  Aus: Das Schnurpsenbuch. s.o., Nr. 38, S. 39
Frank, Karlhans
  Das Haus des Schreibers **38**
  Aus: Die Stadt der Kinder. Hrsg. von Hans Joachim Gelberg. Bitter Verlag. Recklinghausen 1969
Fraungruber, Hans
  Aufgeschnitten ist nicht gelogen (Ausschnitt) **27**
  Aus: 50 lustige Geschichten. Loewes Verlag. Stuttgart 1962, S. 19
Glonnegger, Erwin
  Ochs am Berg (geändert) **54**
  Wechselt die Häuschen **53**
  Aus: Das goldene Spielbuch. Spiel und Spaß für jedermann. Otto Maier Verlag. Ravensburg 1967, S. 14 und 12

Goethe, Johann Wolfgang von
　Hexen-Einmaleins **118**
　Aus: Faust I. Band 5. Hrsg. von Ernst Beutler. Artemis Verlag. Zürich 1950, Vers 2540–2552
Guggenmos, Josef
　Wörter **36**
　Aus: Wenn Riesen niesen. Verlag Carl Ueberreuter. Wien 1980
　Zum Schnellsprechen **34**
　Aus: Geh und spiel mit dem Riesen. s.o., S. 182
Hanck, Sigrid
　Anne wünscht sich (Ausschnitt) **5**
　Aus: Bilderbuch Nr. 1. Hrsg. von Hans Joachim Gelberg. Julius Beltz Verlag. Programm Beltz & Gelberg. Weinheim/Basel 1973, S. 27, 30, 31
Hannover, Heinrich
　Herr Groß und Herr Klein **25**
　Aus: Der vergeßliche Cowboy und andere Mitmach-Geschichten. Rowohlt Taschenbuch Verlag. Reinbek bei Hamburg 1980
Hasenclever, Klaus
　Bambi kommt im Mai zur Welt (gekürzt) **133**
　Aus: Redaktion gib acht. Wiesbaden 1977
Heuck, Sigrid
　Wetten wir, Farmer? **29**
　Aus: Cowboy Jim. Bertelsmann Verlag. Gütersloh 1973
Highland, H. J.
　Auf dem Mond **136**
　Aus: Planeten und Raumfahrt. Deutsche Ausgabe von K. u. H. Hart. Neuer Tessloff Verlag. Hamburg o.J.
Hirsch, Josephine
　Tischgebet **7**
　Aus: Nun ratet, spielt und singt. Styria Verlag. Graz/Wien/Köln 1978, S. 18
Hoffmann, Barbara
　Grad und Ungrad **56**
　Aus: Das große Spielbuch. Kibu-Verlag. Menden 1978, S. 131
　Ich seh' etwas, was du nicht siehst **56**
　Aus: Das große Spielbuch. s.o., S. 131
　Streichholz-Knobeln **56**
　Aus: Das große Spielbuch. s.o., S. 131
Hoffmann, Friedrich
　Spatzensalat **148**
　Aus: Geh und spiel mit dem Riesen. s.o., S. 164
Kästner, Erich
　Waren die Schildbürger wirklich so dumm, wie sie taten? (gekürzt) **81**
　Wer am besten reimt, wird Bürgermeister **84**
　Aus: Atrium Verlag. Zürich 1954
Kaut, Ellis
　Pumuckl und der Schmutz (bearbeitet) **69**
　Aus: Meister Eder und sein Pumuckl. Herold Verlag. Stuttgart 1973
Könner, Alfred
　Romanze in A **35**
　Aus: Geh und spiel mit dem Riesen. s.o., S. 138
Korschunow, Irina
　Niki und der türkische Junge **19**
　Aus: Niki aus dem 10. Stock. Herder Verlag. Stuttgart 1973

Krüss, James
　Das Feuer **122**
　Aus: Der wohltemperierte Leierkasten. Sigbert Mohn Verlag. Gütersloh 1961, S. 34
　Strahlend, grau und dunkel oder „Das dunkle U" **35**
　Aus: In Tante Julies Haus. Friedrich Oetinger Verlag. Hamburg o.J., o.S.
Kruse, Max
　Wirrle, knirrle, knarrlefax **117**
　Aus: Die bunte Kinderschaukel. Annette Betz Verlag. Wien 1978, S. 131
Kusenberg, Kurt
　Kombi-Wörter bilden (gekürzt) **40**
　Aus: Am Montag fängt die Woche an. Hrsg. von Hans Joachim Gelberg. Beltz & Gelberg Verlag. Weinheim 1973
Lehmann, Karin
　Ein Gruß des Frühlings **125**
　Aus: Freund der Kinder, Heft 3. Auer Verlag. Donauwörth 1980, S. 4
Leippe, Ulla
　Ein Wasserrad, eine Wassermühle (gekürzt) **126**
　Aus: Was Kinder gerne basteln. Südwest Verlag. München o.J.
Leist, Marielene
　Lieber Gott! Warum ist mein kleiner Bruder krank? (gekürzt und geändert) **7**
　Aus: Gebetbuch für Kinder und ihre Eltern. Herder Verlag. Freiburg 1972, S. 46
Leopold, Günther
　Chinesen haben's schwer **44**
　Aus: Das Faultier ist zum Faulsein da. Verlag Carl Ueberreuter. Wien/Heidelberg o.J. © by Autor, o.S.
Lenzen, Hans Georg
　Robben-Spiele **146**
　Aus: Hasen hoppeln über Roggenstoppeln. Bertelsmann Jugendbuchverlag. Gütersloh 1972, S. 93
Lindquist, Marita
　So sieht er also aus! (Auszug) **12**
　Aus: Malenas neuer Bruder. Übersetzt von Gerda Neumann. © 1964 Marita Lindquist © Erika Klopp Verlag. Berlin 1978, S. 24–28
Manz, Hans
　Auch Nachbarn gehören zur Familie **15**
　Aus: Am Montag fängt die Woche an. s.o.
　Da sind wir **146**
　Aus: Worte kann man drehen. Sprach-Buch für Kinder. Beltz & Gelberg Verlag 1974, S. 96
　Der Mondflug **135**
　Aus: Die Stadt der Kinder. s.o.
Marenbach, Dieter
　Wer trifft am besten? **55**
　Mit freundlicher Genehmigung des Verfassers
Meckel, Christoph
　Der große und der kleine Klaus **75**
　Aus: Am Montag fängt die Woche an. s.o.
Mehling, M. und F.
　Barbarazweige blühen an Weihnachten (Auszug) **115**
　Aus: Weihnachten in der Familie. Arena Verlag. Würzburg 1971. Arena-Taschenbuch Nr. 1173, S. 25–26

Meier, Richard
  Heute um sechs **147**
  Aus: Lesestücke für das 2. Schuljahr. Ernst Klett Verlag. Stuttgart 1976, S. 5

Neumann, Rudolf
  Auf dem Faschingsball **149**
  Aus: Schnick Schnack Schabernack. Hrsg. von Viktor Christen und Jürgen Wulff. Gerhard Stalling Verlag. Oldenburg/Hamburg 1978, o.S.

Oker, Eugen
  Der Elefant und das Telefon (gekürzt) **52**
  Aus: Babba, sagt der Maxl, du mußt mir eine Geschichte erzählen. Friedrich Oetinger Verlag. Hamburg 1973, S. 74–81

Pallat, Peter
  Staffelläufe – Ringstaffel – Strohhalmstaffel (geändert) **54**
  Aus: Spielbuch für große Leute. Humboldt-Taschenbuch-Verlag. München 1957

Pine, Tillie und Joseph Levine
  Wie entsteht Schatten? (geändert) **132**
  Aus: Licht, Strom, Magnete. Fall hier und da und überall. Herder Verlag. Freiburg 1969

plauen, e. o.
  Der erste Ferientag **79**
  Aus: Vater und Sohn. © Südverlag Konstanz 1962 (ren.) © Mit Genehmigung der Gesellschaft für Verlagswerte GmbH. Kreuzlingen/Schweiz. Bd. II, o.S.

Preußler, Otfried
  Die kleine Hexe auf der Dorffastnacht (Auszug) **93**
  Aus: Die kleine Hexe. K. Thienemanns Verlag. Stuttgart 1970, S. 86–92

Prokofjew, Sergej
  Peter und der Wolf **49**
  Aus: Peter und der Wolf. Übersetzt von: Liselotte Remané. Parabel Verlag. München 1958

Rebl, Ottilie
  Bunter Eiersalat (geändert) **123**
  (Originalüberschrift: Rezeptvorschlag – Bunter Eiersalat)
  Aus: Freund der Kinder, Heft 3. s.o., S. 13

Recheis, Käthe
  Pablito (Auszug) **141**
  Aus: Pablito. Deutscher Taschenbuch Verlag. München 1974 (dtv junior. Bd 7114, S. 26–36)

Reil, Elisabeth
  Eine wahre Geschichte (gekürzt) **32**
  Aus: Freund der Kinder, Heft 1. s.o., S. 4–5

Reit, Seymour
  Wie wird das Wetter? (gekürzt) **130**
  Aus: So einfach ist das! Otto Maier Verlag. Ravensburg 1973, S. 22–23

Restan, Ulrike
  Was ist bei einer Mücke groß **103**
  Aus: treff, Heft 2. Velber Verlag. Seelze 1980, S. 28

Richards, Laura E.
  Eletelefon **40**
  Aus: Ein Reigen um die Welt. Hrsg. von Hans Baumann. Sigbert Mohn Verlag. Gütersloh 1965

Ruck-Pauquèt, Gina
  Der kleine Stationsvorsteher und der Zirkuszug **22**
  Aus: Sandmännchen erzählt von seinen kleinen Freunden. Otto Maier Verlag. Ravensburg 1966, S. 111
  Sagt Mutter immer nein? **21**
  (Originalüberschrift: Mutter sagt immer nein)
  Aus: Das große Buch von Gina Ruck-Pauquèt. Geschichten, Späße und Gedichte. Otto Maier Verlag. Ravensburg 1978, S. 48
  Wo ich sein will, wo ich bin **4**
  Aus: Das große Buch von Gina Ruck-Pauquèt. s.o., S. 90

Sailer, Lorenz
  Die Römer reisten in Pferde-Bussen (gekürzt) **129**
  Aus: Badische Zeitung 14./15. 6. 1980, S. 6

Scheller, Jürgen
  Beim Zahnarzt (geändert) **66**
  Aus: Die bunte Palette. Hrsg. von Peter Feld. Dr. Heinrich Buchner Verlag. München o.J.

Schmidt, Fritz
  Rätselgedicht **149**
  Aus: Schlaukopf, rate mal! Hrsg. von G. Dahlmann-Stolzenbach. Domino Verlag Günther Brink. München 1968

Schönfeldt, Sybil Gräfin
  Wir machen ein Kinderfest (geändert) **97**
  (Originalüberschrift: Jahrmarktfest)
  Aus: ABC der Kinderfeste. Otto Maier Verlag. Ravensburg 1972, S. 92–93

Schulz, Charles M.
  Die Buntstifte **78**
  © 1956 United Feature Syndicate, Inc., entnommen aus Schulz: Das große Peanuts Buch des Aar Verlages. Götzenhain 1960

Schumacher, Hans
  Die Pinguine (Sehr höflich) **116**
  Aus: C. Piatti: ABC der Tiere. Texte von Hans Schumacher. Artemis Verlag. Zürich 1965, o.S.

Seidel, Heinrich
  Die Schaukel (Auszug) **119**
  Aus: Kommt, Kinder, wischt die Augen aus, es gibt hier was zu sehen. Die schönsten deutschen Kindergedichte. Hrsg. von Herbert Heckmann und Michael Krüger. Hanser Verlag. München 1974, S. 295

Simon, Werner
  Der Morgengeist – Thema: Nichtausdürfen **67**
  Aus: schwarz auf weiß. Primarstufe – Texte 3. s.o., S. 22

Städtische Bibliotheken München
  Wie meldest du dich bei uns an? **137**

Taborsky, M.
  Ein Schlaumeier **28**
  Aus: Sommergarten. K. Thienemanns Verlag. Stuttgart 1974

Thiel, Hans Peter und Berthold Casper
  Rakete **134**
  Aus: Piper Grundschüler-Lexikon Sachunterricht. Piper Verlag. München/Zürich 1976, S. 179–180

Uhland, Ludwig
  Lob des Frühlings **90**
  Aus: Gedichte. Vollständige kritische Ausgabe aufgrund des handschriftlichen Nachlasses. Cotta Verlag. Stuttgart 1898, S. 30

Unbekannte Verfasser
Christophorus 113
Aus: Das Lebensschiff, 3.–4. Schuljahr. Ein Lesebuch für hessische Schulen. Bagel Verlag. Düsseldorf o.J., S. 10. Hrsg. von Anna Krüger. Diesterweg Verlag. Frankfurt/Main 1965, S. 76–78
Der Königssohn, der seine Frau durch eine Schleuder findet 108
Aus: Italienische Märchen. Eugen Diederichs Verlag. Düsseldorf/Köln 1959
Die Wundertiere und der Wunderknüppel 104
Aus: Kaukasische Märchen. Eugen Diederichs Verlag. Düsseldorf/Köln o.J.
Die Zahl der Esel 80
Aus: Märchen der Kabylen. Hrsg. von Leo Frobenius. Neu hrsg. von H. Klein. Eugen Diederichs Verlag. Düsseldorf/Köln 1979
Ein Wunsch ist frei 106
Aus: Flämische Märchen. Zusammengestellt von Maurits de Meyer. Matari Verlag. Hamburg o.J.
Was Hänschen 148
(Volksgut)
Wer ist am faulsten? (gekürzt) 73
Aus: Knaurs Buch der Schwänke. Th. Knaur Nachf. Verlag. München 1955, S. 311
Wetterregeln 87
(Volksgut)

Ungenannte Verfasser
Anton aus Paraguay wünscht sich 6
Aus: Ich möcht' auf einer Wolke segeln. Franz Schneider Verlag. München 1978, S. 38
Das Gute an Büchern ist 144
Mit freundlicher Genehmigung des Carlsen Verlages. Reinbek bei Hamburg
Das Holzkochlöffelpuppenspiel 65
(Originalbeitrag)
Die Rakete (gekürzt) 134
(Originalüberschrift: Aus einem alten und einem neuen Lexikon)
Aus: Die Kinderwelt von A–Z. Hrsg. von Richard Bamberger u.a. Ensslin & Laiblin. Reutlingen 1957, S. 210
Es schrieb ein Mann an eine Wand 146
Aus: Schnick Schnack Schabernack. Gerhard Stalling Verlag. Oldenburg 1973
Eines Vaters Kind 102
Aus: Großes Doppellexikon für Spielen und Basteln. Droemersche Verlagsanstalt. Th. Knaur Nachf. München o.J.
Es hat einen Rücken 103
Aus: Das Kopfzerbrechbuch. Lustige Rätsel, gesammelt von Katrin Behrend. Annette Betz Verlag. München 1970, S. 67
Fischer, die als Floßfahrer 34
Aus: Das Sprachbastelbuch. Hrsg. von Hans Domenego u.a. Verlag Jugend und Volk. Wien/München 1977, S. 71
Früchtekarneval 124
*Aus: Hm – das schmeckt. Fischer Flick Flack. Aus dem Französischen von Marianne Lettmann. © Fischer Taschenbuch Verlag. Frankfurt/Main 1976, S. 10
© Edition Gallimard. Paris 1976*
Für Radfahrer und solche, die es werden wollen 127
Aus: Meyers neues Kinder-Verkehrs-Buch. Bibliographisches Institut. Mannheim 1972

Helikopter von Kindern zur Notlandung gebracht 129
Aus: Mittelbayerische Zeitung, 20.9.1973
Moniba aus Indien wünscht sich 6
Aus: Ich möcht' auf einer Wolke segeln. s.o., S. 104
Ohne Füße um die Wette 102
Aus: Das Kopfzerbrechbuch. s.o.
Rate, rate, rate 103
Aus: Klang, Reim, Rhythmus. Gedichte für die Grundschule. Hrsg. von Fr. Bachmann u.a. Hirschgraben Verlag. Frankfurt/Main 1972, S. 109
Zehn goldene Regeln für den Radfahrer 128
Aus: Meyers neues Kinder-Verkehrs-Buch. s.o.
Zum Weiterspielen 61
(Originalbeitrag)
Zwei Baumeister 103
Aus: Großes Doppellexikon für Spielen und Basteln. s.o.

Weiler, H. P. u. H. Schütte
Wie das Wasser in unser Haus kommt (gekürzt) 130
Aus: Stefan, Katrin und viel Wasser. Schaffstein Verlag. Köln 1971

Wohlgemuth, Hildegard
Drei Damen gehen in eine Konditorei 41
Aus: Geh und spiel mit dem Riesen. s.o., S. 260

Wölfel, Ursula
Der Nachtvogel 10
Hannes fehlt 17
Aus: Die grauen und die grünen Felder. Anrich Verlag. Mühlheim an der Ruhr 1970

Zaak, Elke
Eine Szene ist zu erraten 60
Aus: Ferienbuch. Hrsg. von Elke Zaak. Domino Verlag Günter Brink. München 1966

Zeuch, Christa
Also tschüß und gute Nacht 8
Aus: Unten steht der Semmelbeiß. Gedichte für Kinder von Christa Zeuch. Anrich Verlag. Modautal/Neunkirchen 1978, S. 46–47

Zimmermann, Erika
Wie man mit Puppen spielt (gekürzt) 61
Aus: Wir spielen Puppentheater. Herder Verlag. Freiburg 1976, S. 70–71

Bildquellen: S. 55: Socken, Dieter Marenbach, Regensburg; S. 91: Elzacher Schuddig; Hansele mit Narresom (Bräunlingen/Baar), Aufnahmen der Landesbildstelle Baden, Karlsruhe; S. 113: Konrad Witz, Der heilige Christophorus, Inv. Nr. 646, Kunstmuseum Basel; S. 125: Schmetterlinge, Dieter Marenbach, Regensburg; S. 133: Rehkitz, Toni Angermayer, Holzkirchen; S. 136: Apollo 12 SCI-3310, United States International Communication Agency, Bonn.

Inhaltsverzeichnis

Hast du schon darüber nachgedacht?

Worüber wir staunen	Max Bolliger	3
Wo ich sein will, wo ich bin	Gina Ruck-Pauquèt	4
Anne wünscht sich	Sigrid Hanck	5
Moniba aus Indien wünscht sich	Ungenannter Verfasser	6
Anton aus Paraguay wünscht sich	Ungenannter Verfasser	6
Lieber Gott! Warum ist mein kleiner Bruder krank?	Marielene Leist	7
Tischgebet	Josephine Hirsch	7
Also tschüß und gute Nacht	Christa Zeuch	8
Der Nachtvogel	Ursula Wölfel	10
So sieht er also aus!	Marita Lindquist	12
Auch Nachbarn gehören zur Familie	Hans Manz	15
Hannes fehlt	Ursula Wölfel	17
Niki und der türkische Junge	Irina Korschunow	19
Sagt Mutter immer nein?	Gina Ruck-Pauquèt	21

Geschichten, die wir gern lesen

Der kleine Stationsvorsteher und der Zirkuszug	Gina Ruck-Pauquèt	22
Herr Groß und Herr Klein	Heinrich Hannover	25
Aufgeschnitten ist nicht gelogen	Hans Fraungruber	27
Ein Schlaumeier	M. Taborsky	28
Wetten wir, Farmer?	Sigrid Heuck	29
Eine wahre Geschichte	Elisabeth Reil	32

Auch mit der Sprache kannst du spielen

Lustige Klangspiele

Zum Schnellsprechen	Josef Guggenmos	34
Fischer, die als Floßfahrer	Ungenannter Verfasser	34
Romanze in A	Alfred Könner	35
Strahlend, grau und dunkel oder „Das dunkle U"	James Krüss	35

Buchstabenbilder und Textbilder

Wörter	Josef Guggenmos	36
Apfel	Reinhard Döhl	37
Das Haus des Schreibers	Karlhans Frank	38

Wortmixereien

Schnurpsenzoologie	Michael Ende	39
Kombi-Wörter bilden	Kurt Kusenberg	40
Eletelefon	Laura E. Richards	40
Drei Damen gehen in eine Konditorei	Hildegard Wohlgemuth	41

Seltsame Sprachen

Echarps Edmerf	Ilona Bodden	42
Die geheime Botschaft	Alfred Birkel	43
Chinesen haben's schwer	Günther Leopold	44

Phantastische Geschichten

Der Ofen geht aus	Ilona Bodden	45
Peter und der Wolf	Sergej Prokofjew	49
Der Elefant und das Telefon	Eugen Oker	52

Spielst du mit?

Gesellschaftsspiele

Wechselt die Häuschen	Erwin Glonnegger	53
Ochs am Berg	Erwin Glonnegger	54
Staffelläufe	Peter Pallat	54
Ringstaffel	Peter Pallat	54
Strohhalmstaffel	Peter Pallat	54
Wer trifft am besten?	Dieter Marenbach	55

Ratespiele für jede Gelegenheit

Ich seh' etwas, was du nicht siehst!	Barbara Hoffmann	56
Grad und Ungrad	Barbara Hoffmann	56
Streichholz-Knobeln	Barbara Hoffmann	56
Ein Schreib-Lesespiel	Alfred Birkel	57

Spiele ohne Worte

Wer ißt was?	Hildegard Schepers/ Ossi Baumeister	58
Ich im Spiegel	Ossi Baumeister	59
Eine Szene ist zu erraten	Elke Zaak	60
Zum Weiterspielen	Ungenannte Verfasser	61
Wie man mit Puppen spielt	Erika Zimmermann	61

Spiele für zwei Personen

Kasper in der Schule	Alfred Birkel	62
Das Holzkochlöffelpuppenspiel	Ungenannte Verfasser	65
Beim Zahnarzt	Jürgen Scheller	66
Der Morgengeist	Werner Simon	67
Pumuckl und der Schmutz	Ellis Kaut	69

Daraus kannst du ein Spiel machen

Wer ist am faulsten?	Unbekannter Verfasser	73
Die Vögel warten im Winter vor dem Fenster	Bertolt Brecht	74

Bildergeschichten

Der große und der kleine Klaus	Christoph Meckel	75
Die Buntstifte	Charles M. Schulz	78
Der erste Ferientag	e. o. plauen	79

Von Dummköpfen und Schlaumeiern

Die Zahl der Esel	Unbekannter Verfasser	80
Waren die Schildbürger wirklich so dumm, wie sie taten?	Erich Kästner	81
Wer am besten reimt, wird Bürgermeister	Erich Kästner	84

Was die Jahreszeiten bringen

Wetterregeln

Frühling: März, April, Mai	Unbekannte Verfasser	87
Sommer: Juni, Juli, August	Unbekannte Verfasser	87
Herbst: September, Oktober, November	Unbekannte Verfasser	88
Winter: Dezember, Januar, Februar	Unbekannte Verfasser	88
Wer hat Zugvögel	Gesa Brunkow	89
Lob des Frühlings	Ludwig Uhland	90
Goldene Welt	Georg Britting	90

Fastnacht

Von den Masken zur Faschingszeit	Alfred Birkel	91
Wenn Karneval im Dorfe ist	Bruno Horst Bull	92
Die kleine Hexe auf der Dorffastnacht	Otfried Preußler	93
Wir machen unsere Faschingsmasken selber	Alfred Birkel	96
Wir machen ein Kinderfest	Sybil Gräfin Schönfeldt	97
Unsere Faschingszeitung	Alfred Birkel	99

Köpfchen muß man haben

Wer kann helfen?	Alfred Birkel	100
Ein „schlauer" Bursche	Alfred Birkel	102

Ohne Füße um die Wette	Ungenannter Verfasser	102
Eines Vaters Kind	Ungenannter Verfasser	102
Was ist bei einer Mücke groß	Ulrike Restan	103
Rate, rate, rate	Ungenannter Verfasser	103
Zwei Baumeister	Ungenannter Verfasser	103
Es hat einen Rücken	Ungenannter Verfasser	103

Märchen

Die Wundertiere und der Wunderknüppel	Unbekannter Verfasser	104
Ein Wunsch ist frei	Unbekannter Verfasser	106
Der Königssohn, der seine Frau durch eine Schleuder findet	Unbekannter Verfasser	108

Geschichten von Heiligen

Eine Hirtenlegende	Max Bolliger	111
Christophorus	Unbekannter Verfasser	113
Barbarazweige blühen an Weihnachten	M. und F. Mehling	115

Reimen macht Spaß

Mäuselist	Hans Baumann	116
Die Pinguine	Hans Schumacher	116

Zaubersprüche wollen gelernt sein

Wirrle, knirrle, knarrlefax	Max Kruse	117
Ein Zauberspruch, um eine verlorene Sache wiederzufinden	Michael Ende	118
Hexen-Einmaleins	Johann Wolfgang von Goethe	118

Schon am Klang kannst du hören, wovon diese Gedichte erzählen

Die Schaukel	Heinrich Seidel	119
Das Karussell	Richard Bletschacher	120
Rausche, rausche, Regen	Werner Bergengruen	121
Das Feuer	James Krüss	122

Kochen und Basteln will gelernt sein

Bunter Eiersalat	Ottilie Rebl	123
Früchtekarneval	Ungenannter Verfasser	124

Ein Gruß des Frühlings	Karin Lehmann	125
Ein Wasserrad, eine Wassermühle	Ulla Leippe	126

Verhältst du dich richtig im Verkehr?

Für Radfahrer und solche, die es werden wollen	Ungenannter Verfasser	127
Zehn goldene Regeln für den Radfahrer	Ungenannter Verfasser	128
Helikopter von Kindern zur Notlandung gebracht	Ungenannter Verfasser	129
Die Römer reisten in Pferde-Bussen	Lorenz Sailer	129

Hättest du das gewußt?

Wie wird das Wetter?	Seymour Reit	130
Wie das Wasser in unser Haus kommt	H. P. Weiler und H. Schütte	130
Wie entsteht Schatten?	Tillie S. Pine und Joseph Levine	132
Bambi kommt im Mai zur Welt	Klaus Hasenclever	133

Raumfahrt

Rakete	Hans Peter Thiel und Berthold Casper	134
Die Rakete	Ungenannter Verfasser	134
Der Mondflug	Hans Manz	135
Auf dem Mond	H. J. Highland	136

Kinderbücher

Wie meldest du dich bei uns an?	Städt. Bibliotheken München	137
Jim Knopf und Lukas, der Lokomotivführer	Michael Ende	138
Pablito	Käthe Recheis	141
Das Gute an Büchern ist	Ungenannter Verfasser	144

Hier kannst du zeigen, wie gut du lesen kannst

Robben-Spiele	Hans Georg Lenzen	146
Es schrieb ein Mann an eine Wand	Ungenannter Verfasser	146
Da sind wir	Hans Manz	146
Heute um sechs	Richard Meier	147
Kannst du das lesen?	John Bear	148
Was Hänschen	Unbekannter Verfasser	148
Seltsame Strophen	Bruno Horst Bull	148
Spatzensalat	Friedrich Hoffmann	148
Rätselgedicht	Fritz Schmidt	149
Auf dem Faschingsball	Rudolf Neumann	149
Rätsellösungen		151
Verfasser- und Quellenverzeichnis		152
Bildquellen		156